생각한 대로 말하는 대로

술술 글쓰기 마법책

완성책 ❸

파스텔하우스

오현선(라온오쌤) 지음

대학원에서 독서 논술을 전공하고, 독서교육 전문가로 24년째 활동하고 있습니다.
독서 교실을 운영하며 어린이들과 매일 읽고 쓰고요,
도서관과 학교에서 양육자님들을 만나며 독서교육의 참 가치를 전달해 드립니다.
네이버 카페 '라온북다움'을 통해 전국의 어린이들과 읽기, 쓰기도 함께하고 있어요.
지은 책으로《초등 미니 논술 일력 365》,《하루 10분 초등 신문》,《초등 1학년 기적의 첫 독서법》,
《뚝딱! 미니 논술》,《초등 완성 생각정리 독서법》,《초등 짧은 글+긴 글 3단계 완주 독후감 쓰기》,
《하루 10분 바른 글씨 마음 글씨》,《우리 아이 진짜 독서》,《우리 아이 진짜 글쓰기》 등이 있습니다.

유튜브 라온쌤의 독서교육 TV | 라온쌤 글쓰기
블로그 blog.naver.com/few24 (오쌤의 독서교육 이야기)
인스타그램 @raon_book_teacher
네이버카페 라온북다움 cafe.naver.com/laonbookdaoom

유민하(루잇) 그림

대학에서 시각디자인을 전공하고, 지금은 어린이책에 그림을 그리고 있습니다.
어린이들과 동물들의 모습을 담은 따스하고 귀여운 그림을 그리면서 행복을 느낍니다.
그린 책으로《스토리버스》시리즈가 있습니다.

인스타그램 @ruiit_

파스텔 창조책 06

술술 글쓰기 마법책 완성책 ❸

초판 1쇄 발행 2024년 7월 29일
글 구성 오현선 **그림** 유민하
기획편집 최문영 **디자인** 스튜디오 서로 **제작** 공간
독자기획(6기) 도지은(김소율, 박한별, 한수민, 박건률), 선효정(김도희), 송원주(이건희), 이은영(우소희), 최규승(최하윤)
펴낸이 최문영 **펴낸곳** 파스텔하우스 **출판등록** 제2020-000247호(2020년 9월 9일)
주소 04038 서울특별시 마포구 잔다리로 48, 3층
전화 02-332-2007 **팩스** 02-6007-1151 **이메일** pastelhousebook@naver.com
ISBN 979-11-983329-7-4 74700   979-11-983329-4-3(세트)

글 구성 ⓒ 오현선

잘못 만들어진 책은 서점에서 바꾸어 드립니다.
이 책은 저작권법에 따라 보호받는 저작물이므로 무단 전재와 무단 복제를 금합니다.
이 책의 전부 또는 일부를 이용하려면 반드시 저작권자와 출판사의 서면 동의를 받아야 합니다.

홈페이지 pastelbook.co.kr **인스타그램** @pastelhousebook
다양한 책 이벤트에 참여하고, 독후 활동 자료도 받으세요.
어린이 독자님의 의견과 질문을 언제나 환영합니다.

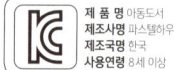

제 품 명 아동도서
제조사명 파스텔하우스
제조국명 한국
사용연령 8세 이상

주의사항 종이에 베이거나 긁히지 않도록 조심하세요.
책 모서리가 날카로우니 던지거나 떨어뜨리지 마세요.
KC마크는 이 제품이 공통안전기준에 적합하였음을 의미합니다.

머리말

음식을 알맞은 그릇에 담아 먹듯
글을 알맞은 형식에 담는 갈래별 글쓰기를 해 보자!

 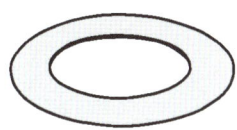  

여기에 컵, 접시, 밥그릇, 냄비가 있어. 따뜻한 차는 어디에 담는 게 가장 좋을까? 떡볶이는? 밥은? 찌개는? 음식마다 어울리는 그릇이 있어! 여기에 담아서 먹거나 요리해야 편하고 보기에도 좋지.

글도 마찬가지야. 너의 상상, 느낌, 생각, 주장 등 말하고자 하는 게 무엇이냐에 따라 전달하기 가장 좋고 어울리는 형식이 있어. 이것을 글의 '종류'라고 해. '갈래'라고도 부르지. 이제 5가지 갈래 글을 배우고 직접 써 볼 거야.

5가지 갈래 글

상상을 자유롭게 표현하는	무언가를 남에게 차근히 설명하는	일상생활과 마음을 담는	주장과 의견을 조리 있게 담는	책을 읽은 뒤 감상을 담는
상상글	**설명글**	**생활글**	**주장글**	**독후감상글**

이처럼 글의 형식을 갖추어서 쓰면 다른 사람이 네가 하고 싶은 말, 마음, 생각을 알아보고 이해하기가 훨씬 편해질 거야. 그럼 시작해 볼까?

— 오현선 선생님이

시작 전 자기소개 하기

글쓰기를 처음 할 때 가장 좋은 게 바로 '나'를 소개하는 거야. 이번에는 다섯 가지 종류의 글로 소개해 보려 해. 서로 어떻게 다른지 생각하며 읽어 볼래?

상상글
나는 구름을 타고 하늘을 날고 있어. 어린이들도 구름을 탔지. 모두 책을 읽으며 이야기를 나눠. 하늘 독서 교실에서 말이야!

설명글
나는 독서 선생님이야. 어린이와 함께 책을 읽고 글도 써. 내가 여는 독서 교실에는 늘 책 대화가 오가고, 연필 소리가 들리지.

생활글
아침에 노트북을 켰다. 수업할 자료를 쭉 읽어 보고 프린트를 했다. 오후에는 어린이들이 왔다. 그러자 신나는 책 수다가 시작되었다.

상상글, 설명글, 생활글, 주장글, 독후감상글로 선생님을 각각 소개해 봤어.

주장글
나는 독서 교사로서 독서가 사는 데 꼭 필요하다고 말하고 싶다. 생각하는 힘을 키워서 자기 뜻대로 살게 해 주기 때문이다.

독후감상글
독서 교실에서 읽은 책 《꽃들에게 희망을》은 꿈이 무언지 생각하게 한다. 꿈을 이루고 날아가는 나비를 보면, 나도 원하는 것을 이루고 싶어진다.

이제 네가 누군지 알고 싶어. 다섯 가지 종류의 글로 너를 다양하게 표현해 봐. 잎의 설명을 보고 간단히 써. 다 채우기 어려우면 이 책을 끝내고 다시 해 봐!

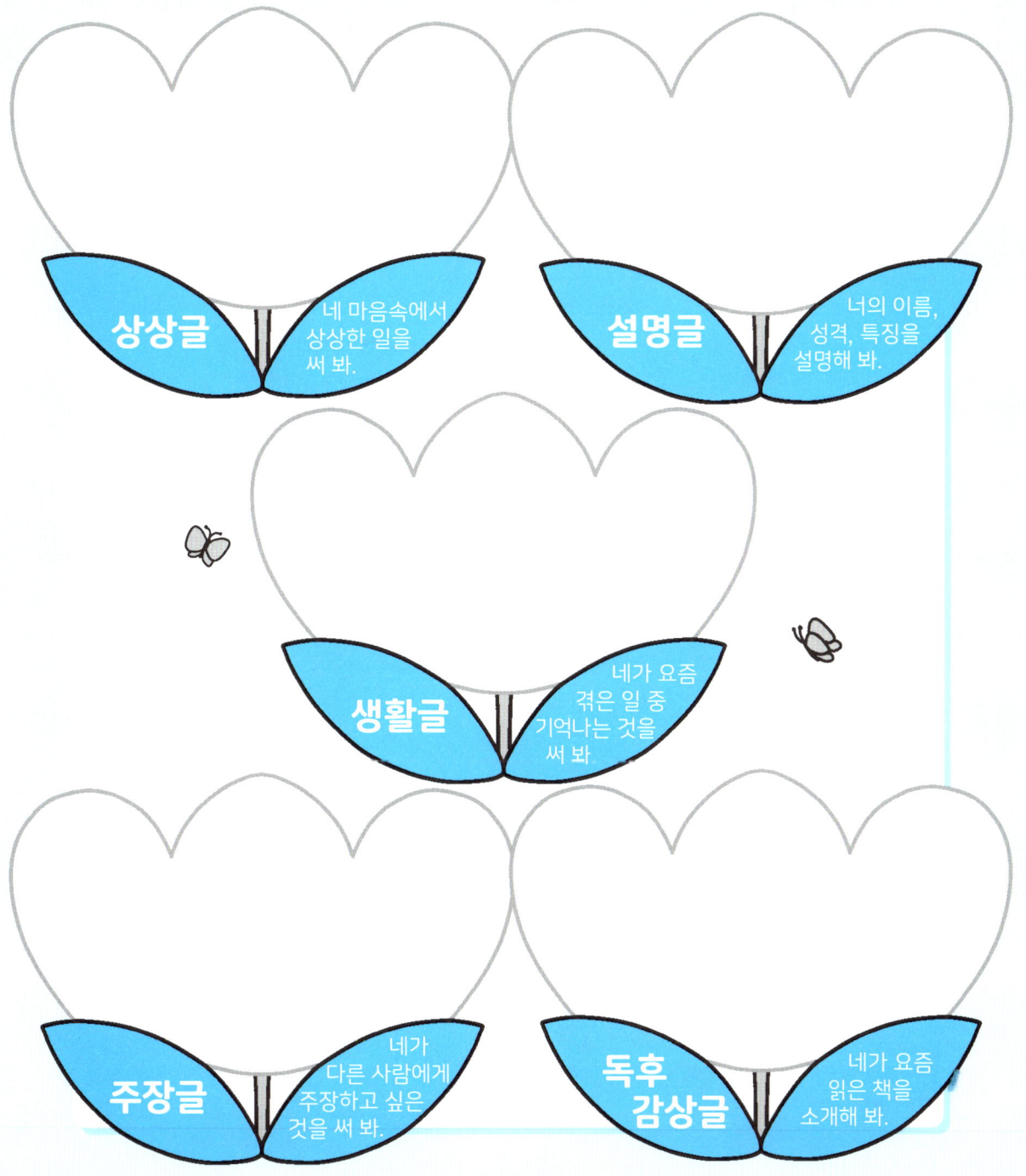

차례

머리말   3
자기소개 하기   4

1 상상글 이 뭐예요?
상상글이 뭐예요?   8
세 단어를 넣어 상상글을 써요   10
다섯 단어를 넣어 상상글을 써요   12

2 상상글을 스스로 써 봐요 _열 문장
친구가 쓴 글을 읽고, 나도 써 봐요   16

3 설명글 이 뭐예요?
설명글이 뭐예요?   26
더 좋은 설명글을 골라 봐요   28
짧은 설명글을 얼른 써 봐요   31

4 설명글을 스스로 써 봐요 _열 문장
친구가 쓴 글을 읽고, 나도 써 봐요   34

5 생활글 이 뭐예요?
생활글이 뭐예요?   42
더 좋은 생활글을 골라 봐요   44
짧은 생활글을 얼른 써 봐요   47

6 생활글을 스스로 써 봐요 _열 문장
친구가 쓴 글을 읽고, 나도 써 봐요   50

7 주장글 이 뭐예요?
주장글이 뭐예요?   58
더 좋은 주장글을 골라 봐요   60
짧은 주장글을 얼른 써 봐요   63

8 주장글을 스스로 써 봐요 _열 문장
친구가 쓴 글을 읽고, 나도 써 봐요   66

9 독후감상글 이 뭐예요?
독후감상글이 뭐예요?   74
독후감상글을 쓰는 3가지 방법   76
짧은 독후감상글을 얼른 써 봐요   79

10 인물의 행동을 비판하는 독후감상글을 스스로 써 봐요
책을 잘 이해하며 읽어요   82
인물의 행동을 비판하는 독후감상글 쓰기   86

11 내 경험과 연결 짓는 독후감상글을 스스로 써 봐요
책을 잘 이해하며 읽어요   90
내 경험과 연결 짓는 독후감상글 쓰기   94

12 주제를 다르게 생각해 보는 독후감상글을 스스로 써 봐요
책을 잘 이해하며 읽어요   98
주제를 다르게 생각해 보는 독후감상글 쓰기   102

13 글감 하나로 여러 종류 글쓰기를 해요
한 가지 글감으로 갈래별 글쓰기   106
(편의점 / 라면)

지도하는 분을 위한 예시 답   117

1 상상글이 뭐예요?

마음속에서 상상해 낸 것을 쓴 글을 상상글이라고 해.

1 상상글이 뭐예요?

우리가 자주 보는 동화나 옛이야기 등은 모두 작가가 상상해서 지어낸 글이야. 이처럼 자유로운 상상으로 쓴 글을 '상상하는 글(이 책에서는 상상글이라고 할게.)'이라고 해.

아래 내용을 읽으며 상상글이 무엇인지 정확히 알아보자. 풍선 속에서 중요해 보이는 말에는 동그라미도 해 봐.

1. 상상글은 마음속에서 상상해 낸 것을 쓴 글이야.

2. 일어날 수 있는 일, 일어날 수 없는 일, 모두 쓸 수 있어.

3. 상상글은 자유롭게 마음껏 쓰면 되니까 글쓰기 실력도 쑥쑥 늘릴 수 있어.

4. 상상글을 동화처럼 쓴다면 인물들이 하는 말을 따옴표에 넣어서 진짜 말하듯이 표현할 수 있어. 이것을 '대화 글'이라고 해.

💭 상상글이 무엇인지 잘 이해했니? 빈칸을 채우며 확인해 봐. 잘 모르겠다면 왼쪽 페이지를 보고 써도 돼.

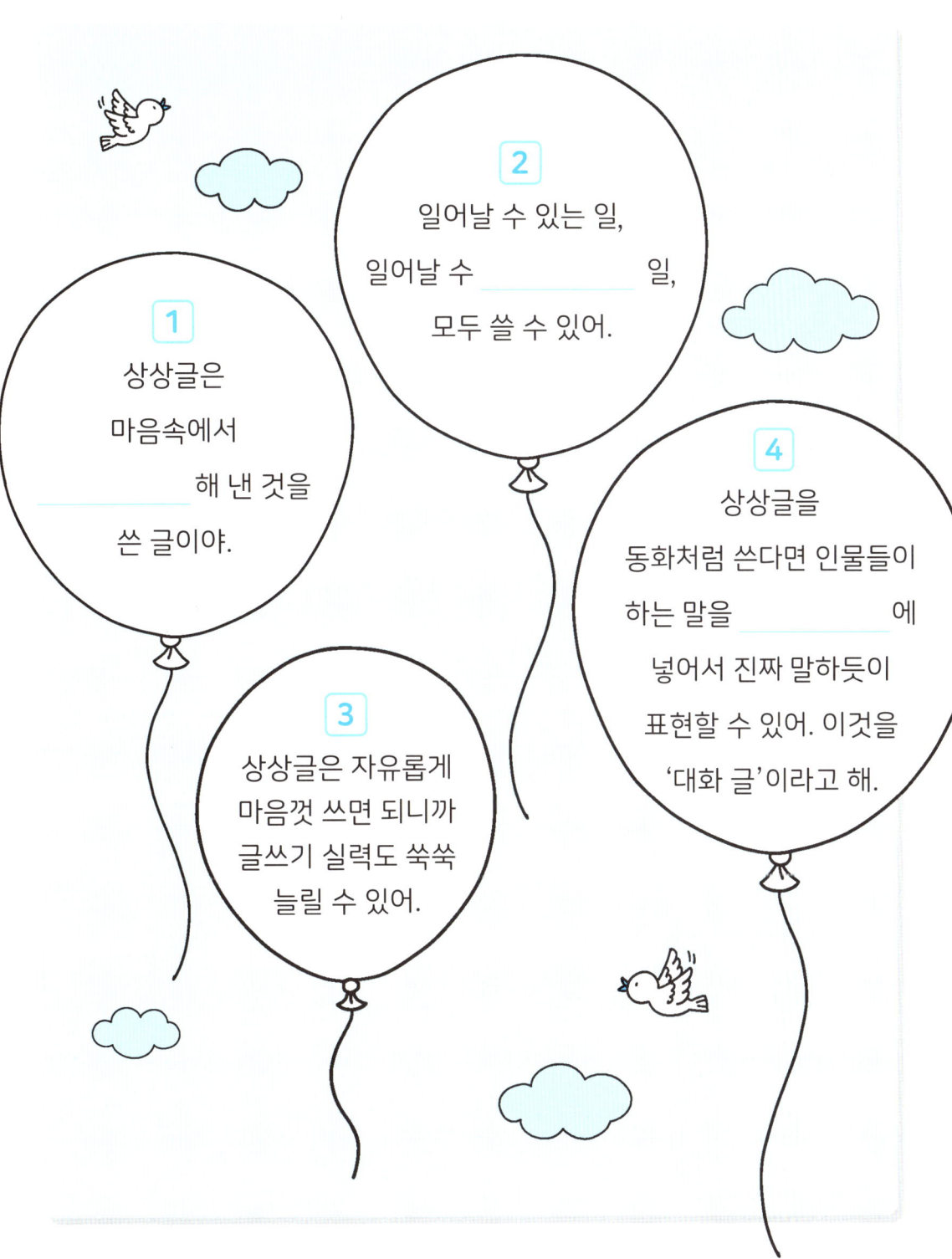

1. 상상글은 마음속에서 _____ 해 낸 것을 쓴 글이야.

2. 일어날 수 있는 일, 일어날 수 _____ 일, 모두 쓸 수 있어.

3. 상상글은 자유롭게 마음껏 쓰면 되니까 글쓰기 실력도 쑥쑥 늘릴 수 있어.

4. 상상글을 동화처럼 쓴다면 인물들이 하는 말을 _____ 에 넣어서 진짜 말하듯이 표현할 수 있어. 이것을 '대화 글'이라고 해.

2 세 단어를 넣어 상상글을 써요

상상글이 뭔지 알았으니 간단히 써 보자. 상상이 잘 떠오르게 단어 초콜릿을 준비했어.

💭 단어 3개를 모두 넣어서 상상글을 써. 단어를 어떻게 이을지 생각하다 보면 재미난 이야기가 떠오를 거야. 5문장만 쓰면 돼. **보기** 를 읽어 보고, 다음은 스스로 써.

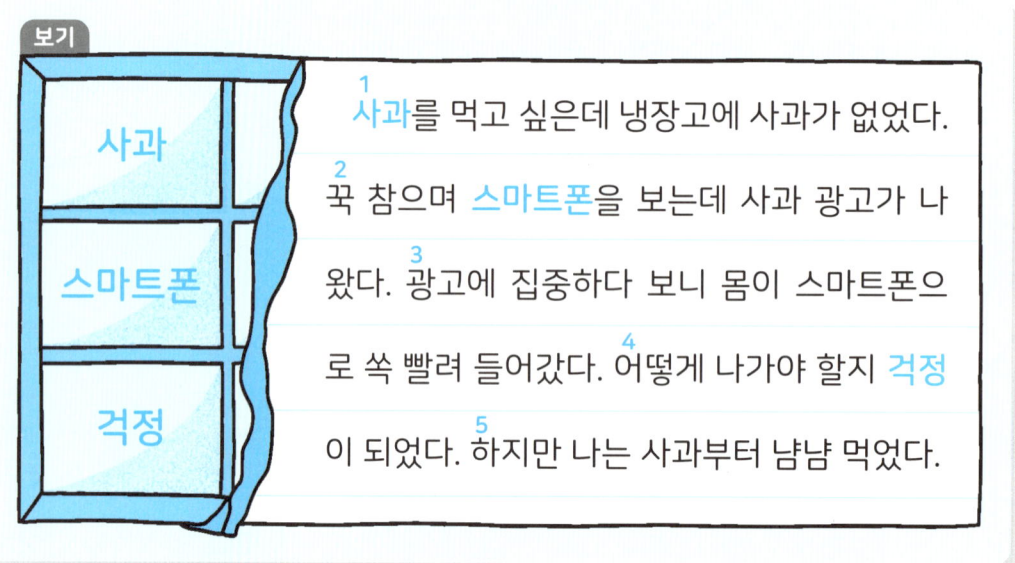

보기 / 사과 / 스마트폰 / 걱정

¹사과를 먹고 싶은데 냉장고에 사과가 없었다. ²꾹 참으며 스마트폰을 보는데 사과 광고가 나왔다. ³광고에 집중하다 보니 몸이 스마트폰으로 쏙 빨려 들어갔다. ⁴어떻게 나가야 할지 걱정이 되었다. ⁵하지만 나는 사과부터 냠냠 먹었다.

마스크 / 지구 / 운동장

- 방귀
- 떡볶이
- 게임

- 천재
- 놀이동산
- 냄새

3 다섯 단어를 넣어 상상글을 써요

상상글을 조금 더 자세히 써 봐. 이번에는 단어 팝콘을 준비했어.

☁ 단어 5개를 골라 동그라미 해. 그리고 고른 단어를 모두 넣어서 상상글을 써 보는 거야. 5문장, 또는 더 길게 써도 돼. 보기 를 읽어 보고, 다음 페이지는 스스로 써.

보기

1 한 마을에 초가집이 있었다. 거기에는 2 할머니가 혼자 살고 있었다. 그런데 어느 날부터인가 밤이 되면 마을에 3 별이 하나씩 툭 떨어지기 시작했다. 할머니는 그 별이 4 행운이라고 생각해 손으로 잡았다. 그 순간 5 우주로 날아갔다. 6 우주에 간 할머니는 행복했다. 그렇게 지금도 우주를 7 여행하고 있다고 한다.

어떤 상상글의 앞부분이야. 읽어 보고 마음껏 상상해서 뒷이야기를 써 봐. 인물들이 하는 말은 따옴표에 넣어서 진짜 말하듯이 대화 글로 표현해 봐.

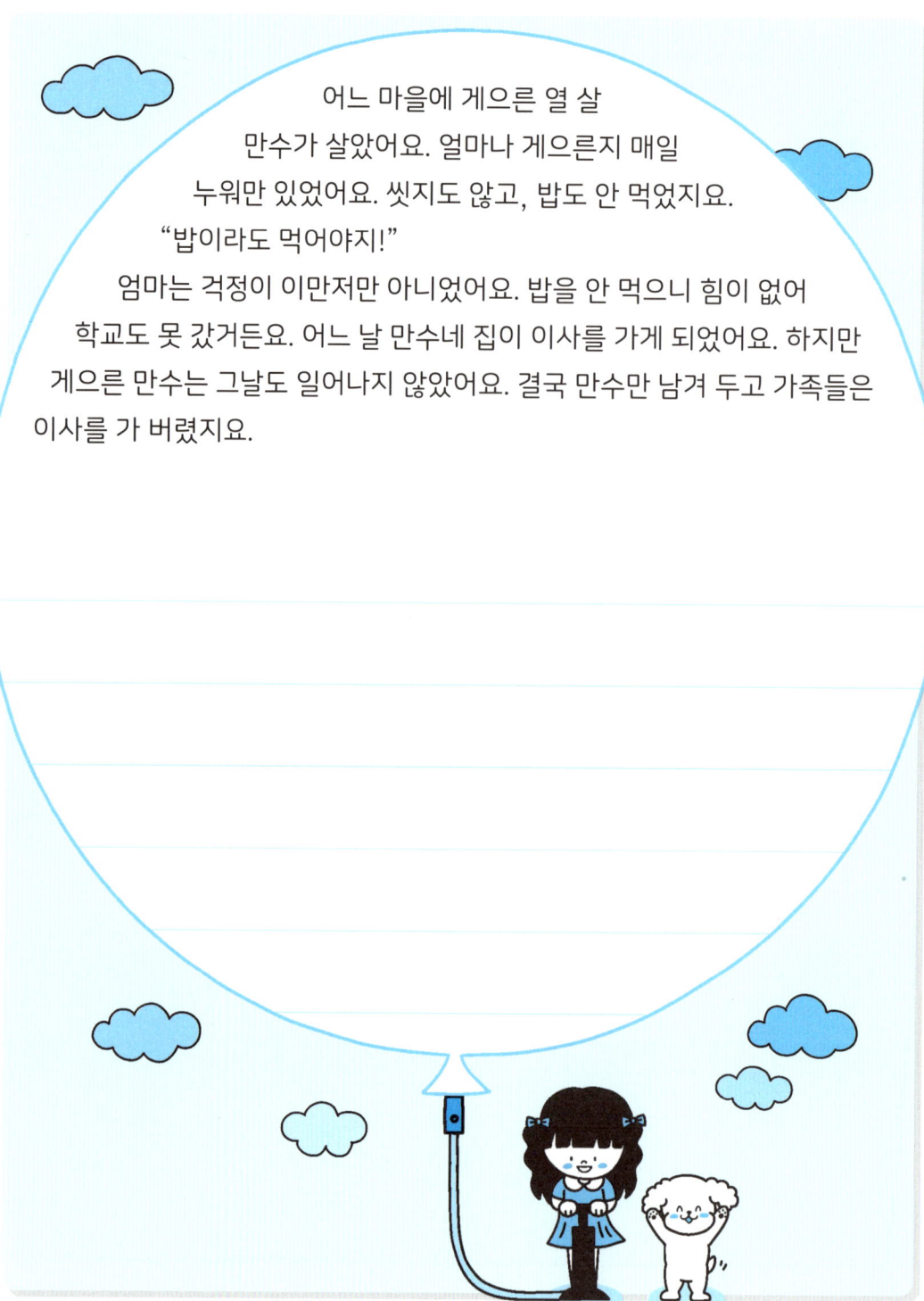

어느 마을에 게으른 열 살 만수가 살았어요. 얼마나 게으른지 매일 누워만 있었어요. 씻지도 않고, 밥도 안 먹었지요.
"밥이라도 먹어야지!"
엄마는 걱정이 이만저만 아니었어요. 밥을 안 먹으니 힘이 없어 학교도 못 갔거든요. 어느 날 만수네 집이 이사를 가게 되었어요. 하지만 게으른 만수는 그날도 일어나지 않았어요. 결국 만수만 남겨 두고 가족들은 이사를 가 버렸지요.

2

상상글을 스스로 써 봐요

열 문장 쓰기

친구들이 쓴 상상글을 먼저 보고, 이어서 상상글 한 편을 스스로 써 봐.

1 친구가 쓴 글을 읽고, 나도 써 봐요

친구가 쓴 상상글을 먼저 읽어 봐. 그런 뒤 다음 장에서 비슷하게 써 보려고 해.

💭 친구가 쓴 상상글을 읽고, 소감이 어떤지 댓글 한 줄을 아래에 달아 줘.

꼼꼼히 읽기

꼬리가 생긴 날

김라미

아침에 눈을 뜨자 무언가 이상했다. 몸이 무거운 것 같기도 하고, 근질근질한 것 같기도 했다.
'뭐지? 이상하다.'
그러고는 침대에서 나오는데 무언가 툭 떨어졌다. 거울에 비친 내 모습에 소리를 질렀다.
"으악! 이게 뭐야."
놀라서 5분쯤 앉아 있었다. 하지만 곧 이렇게 마음먹었다.
'꼬리가 생기다니! 그래도 이왕 생긴 것이니까 오늘 잘 써 보자.'
학교에 갈 때 꼬리에 실내화 가방을 달았다. 손이 가벼워서 좋았다.
교실에 와서 앉았는데, 나를 자주 놀리던 경진이가 지나갔다. 나는 꼬리로 경진이 등을 간지럽혔다.
"아이, 깜짝이야! 뭐야? 누구야?"
얼른 꼬리를 숨기고 모르는 체했다. 속으로 킥킥 웃었다. 꼬리가 사라지지 않고 계속 있었으면 좋겠다.

읽은 소감은? _____

💭 친구가 쓴 상상글을 꼼꼼히 읽었으면 질문에 대답해 봐.

1. 아침에 눈을 뜨니 몸에 어떤 변화가 생겼어?

2. 주인공은 꼬리가 생긴 걸 알고 나서 어떤 마음이었어?

3. 학교에 갈 때 꼬리를 어떻게 썼어?

4. 교실에서는 꼬리를 어떻게 썼어?

5. 주인공은 꼬리에 대해 결국 어떤 생각을 하게 되었어?

💭 이제 '꼬리가 생긴 날'이라는 주제로 상상글을 스스로 써 봐. 글감은 같지만 너만의 이야기로 다르게 쓰는 거야. 아래 질문에 하나씩 말로 답해. 답한 것 중 글에 넣고 싶은 것만 어떤 순서로 쓸지 빈칸에 번호를 매겨 줘.

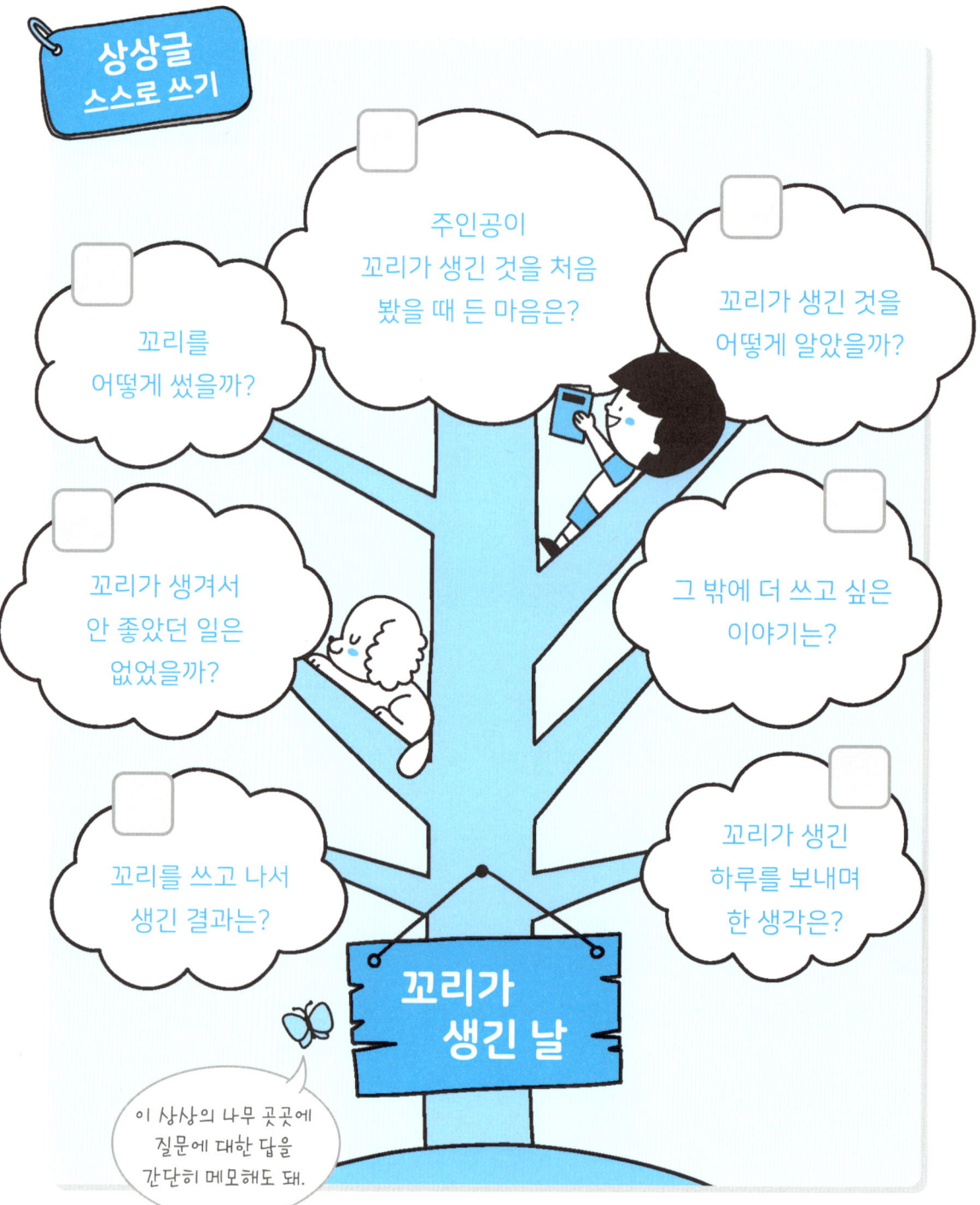

🗨 번호를 매겨 보았니? 답한 것을 번호순으로 모아 10문장 이상 상상글을 완성해.

> 주인공이나 주변 사람이 한 말은 따옴표에 담아서 생생하게 써 봐.

제목 : _____

다 썼으면 보여 주고 싶은 사람에게 보여 주고, 여기에 소감 댓글을 달아 달라고 해.

💭 한 번 더 해 보자. 친구가 쓴 상상글을 읽고, 소감이 어떤지 댓글 한 줄을 아래에 달아 줘.

꼼꼼히 읽기

비밀의 도서관

김상아

"상근아, 학교 도서관에서 책 좀 빌려 와!"

엄마가 상근이에게 말했다. 상근이는 책을 싫어해서 갈까 말까 고민하다 수업이 다 끝나고 나서야 도서관에 갔다.

아무도 없는 조용한 도서관, 오늘은 사서 선생님도 안 보였다. 어떤 책을 고를까 서가 앞을 어슬렁거렸다. 그런데 갑자기 불이 꺼지더니 찰칵, 문이 닫히는 소리가 났다.

"어, 어쩌지? 갇힌 건가?"

상근이는 무서워서 벌벌 떨었다. 그 순간 책들이 날아오르며 상근이에게 말을 걸었다.

"안녕? 나는 정말 재밌는 책이야. 나랑 놀래?"

의자도 날아와서 상근이를 태웠다. 책들은 파닥파닥 날갯짓하며 이야기를 들려주었다. 상근이는 재미에 푹 빠져 시간 가는 줄도 몰랐다.

그러다 불이 켜졌다. 모두 제자리로 돌아가고 잠긴 문도 열렸다.

다음 날, 또 다음 날도 상근이는 그 시간이 그리워서 도서관에 찾아갔다. 하지만 더 이상 그런 일은 없었다. 대신 상근이는 책을 좋아하는 아이가 되었다.

읽은 소감은? _____

🔹 친구가 쓴 상상글을 꼼꼼히 읽었으면 질문에 대답해 봐.

1. 엄마가 상근이에게 시킨 일은 뭐야?

_____

2. 도서관에 간 상근이에게 어떤 일이 벌어졌어?

_____

3. 무서워서 벌벌 떨던 상근이는 점점 어떻게 달라졌어?

_____

4. 그 일이 있고 나서 상근이는 왜 자꾸 도서관에 찾아갔어?

_____

5. 그 뒤로 상근이는 어떻게 달라졌어?

_____

💭 이제 '비밀의 도서관'이라는 주제로 상상글을 스스로 써 봐. 글감은 같지만 너만의 이야기로 다르게 쓰는 거야. 아래 질문에 하나씩 말로 답해. 답한 것 중 글에 넣고 싶은 것만 어떤 순서로 쓸지 빈칸에 번호를 매겨 줘.

상상글

💭 번호를 매겨 보았니? 답한 것을 번호순으로 모아 10문장 이상 상상글을 완성해.

글을 처음 시작할 때는 첫 칸을 비우고 시작한다는 걸 잊지 않았지?

제목: _____

다 썼으면 보여 주고 싶은 사람에게 보여 주고, 여기에 소감 댓글을 달아 달라고 해.

💭 글을 쓴 다음에는 다시 읽고, 어색하거나 잘못된 부분을 고치면 좋아. 이번 장에서 쓴 상상글 중 한 편을 골라 고쳐 봐. 우산 속 내용을 다 확인하고, 필요한 곳을 고쳤다면 물방울에 표시해 줘.

살펴볼 글: _____쪽 제목: _____

③ 설명글이 뭐예요?

다른 사람에게 무언가를 설명해 주기 위해 쓴 글을 설명글이라고 해.

1 설명글이 뭐예요?

무언가를 다른 사람이 잘 알 수 있게 설명하는 글을 '설명문'이라고 해. 새로운 지식이나 정보를 전할 때 필요한 글이지. 이 책에서는 쉬운 말로 '설명글'이라고 할게.

🌂 아래 내용을 읽으며 설명글이 무엇인지 정확히 알아보자. 풍선 속에서 중요해 보이는 말에는 동그라미도 해 봐.

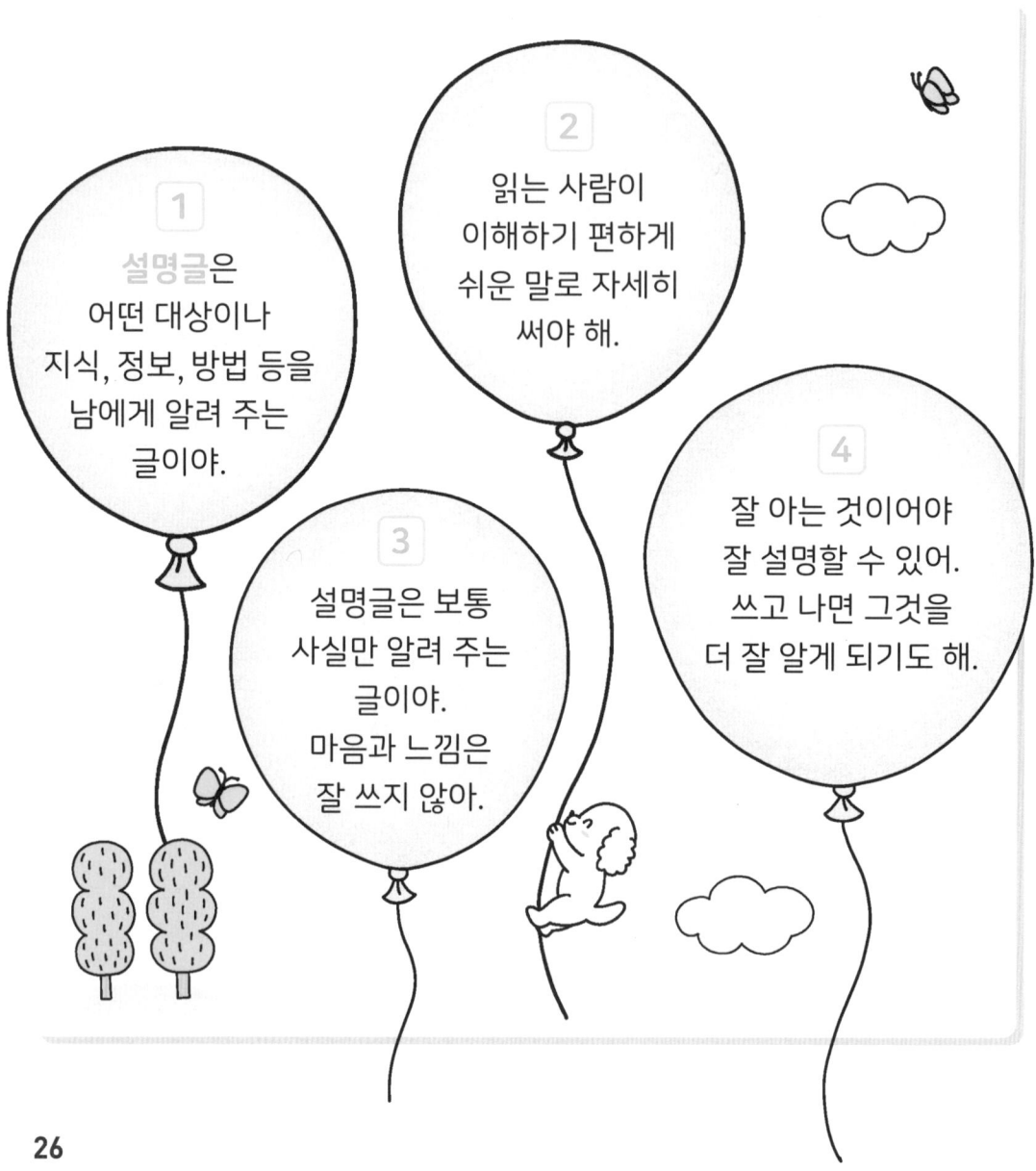

1. 설명글은 어떤 대상이나 지식, 정보, 방법 등을 남에게 알려 주는 글이야.

2. 읽는 사람이 이해하기 편하게 쉬운 말로 자세히 써야 해.

3. 설명글은 보통 사실만 알려 주는 글이야. 마음과 느낌은 잘 쓰지 않아.

4. 잘 아는 것이어야 잘 설명할 수 있어. 쓰고 나면 그것을 더 잘 알게 되기도 해.

☂ 설명글이 무엇인지 잘 이해했니? 빈칸을 채우며 확인해 봐. 잘 모르겠다면 왼쪽 페이지를 보고 써도 돼.

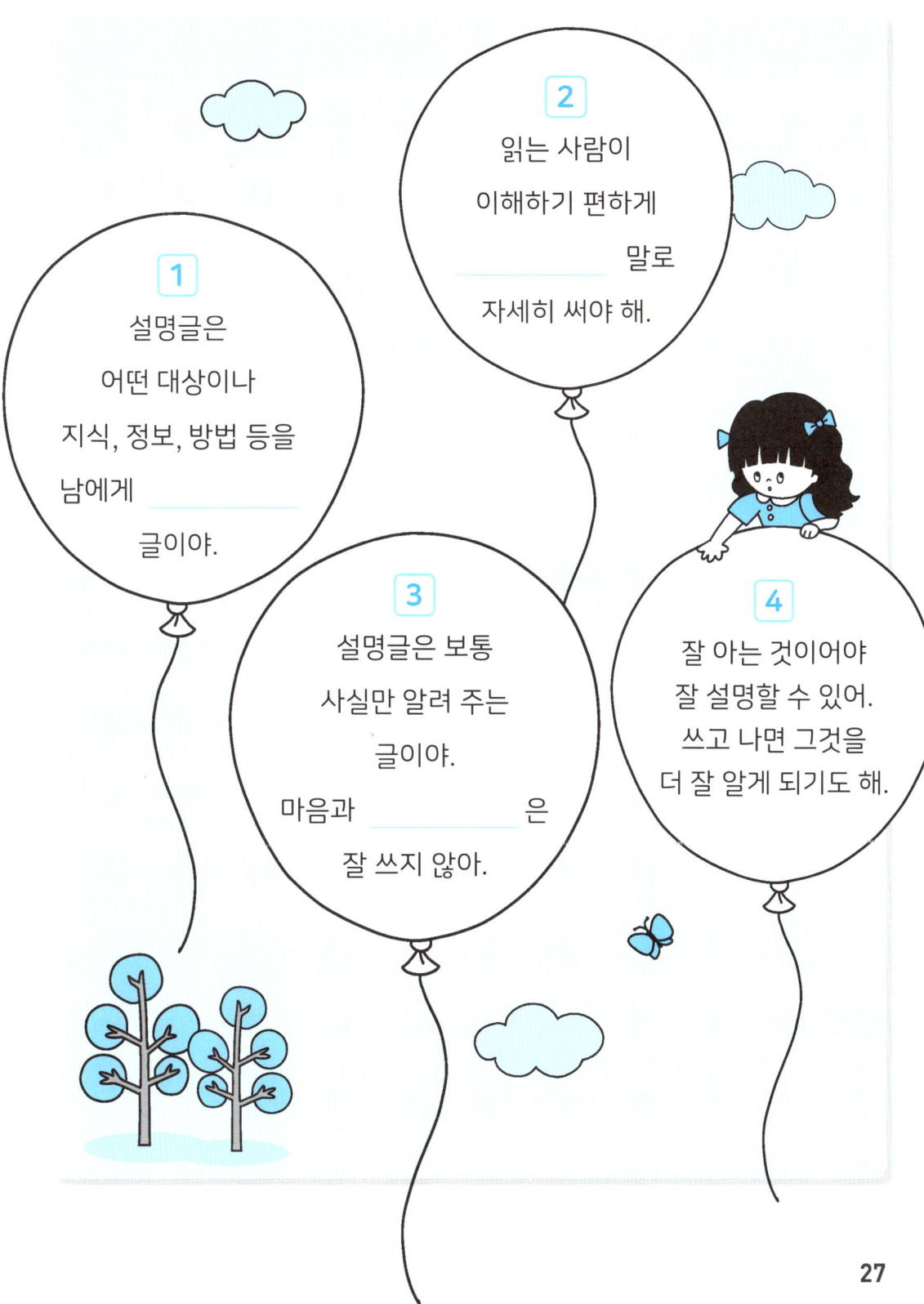

1. 설명글은 어떤 대상이나 지식, 정보, 방법 등을 남에게 _____ 글이야.

2. 읽는 사람이 이해하기 편하게 _____ 말로 자세히 써야 해.

3. 설명글은 보통 사실만 알려 주는 글이야. 마음과 _____은 잘 쓰지 않아.

4. 잘 아는 것이어야 잘 설명할 수 있어. 쓰고 나면 그것을 더 잘 알게 되기도 해.

2 더 좋은 설명글을 골라 봐요

아래에 두 설명글이 있어. 서로 비교해 읽으며 설명글을 어떻게 쓰면 좋을지 알아보자.

☂ 같은 제목으로 쓴 두 설명글을 읽고, 어떤 게 더 좋은지 골라 제목 번호에 동그라미 해 봐. 고른 이유도 아래에 간단히 써.

❶ 내 동생
김지민

　내 동생은 귀엽게 생겼다. 걸을 때 뒤에서 보면 얼마나 귀여운지 모른다.
　그런데 나를 만날 이기려고 한다. 어제도 나를 때렸다. 정말 아프고 속상했다. 지금도 그 생각을 하면 슬프다.

❷ 내 동생
김지민

　내 동생은 얼굴이 동글동글하다. 눈이 커서 얼굴의 반은 되어 보인다. 3살인데 걸을 때 오리처럼 뒤뚱뒤뚱 걷는다.
　그런데 성격은 좋지 않다. 먹기 싫은 음식은 던진다. 화나면 소리를 지른다. 가끔은 나를 때리기도 한다.

고른 이유는? _____

함께 살펴보기

❶은 동생의 모습을 볼 때, 동생이 나를 때렸을 때 내 마음이 어땠는지를 썼어. ❷는 동생의 생김새와 성격을 있는 그대로 썼지. 설명글은 이렇게 내 마음과 느낌보다는 사실을 알려 줘야 해. 그래서 설명글로는 ❷가 더 좋아.

☂ 같은 제목으로 쓴 두 설명글을 읽고, 어떤 게 더 좋은지 골라 제목 번호에 동그라미 해 봐. 고른 이유도 아래에 간단히 써.

❶ 나의 하루
허민준

나의 하루는 바쁘다. 아침에 일어나 밥을 먹은 다음, 대충 씻고 학교에 간다. 학교 수업이 끝나면 곧장 학원으로 향한다.

학원은 3개를 가는데 수학, 영어, 태권도다. 갔다 오면 저녁 7시가 된다. 저녁을 먹고 씻으면 숙제를 시작한다.

다 끝나고 좋아하는 만화책을 30분 보면 벌써 밤 10시다. 그럼 피곤해서 곯아떨어진다.

❷ 나의 하루
허민준

나의 하루는 바쁘다. 밥을 먹고 학교에 가서 수업을 듣고, 급식을 먹는다. 학교가 끝나면 학원에 바로 간다.

집에 오면 숙제를 한 다음, 만화책을 본다. 그러면 하루가 벌써 끝이 난다. 나의 하루는 바쁘다. 정말 바쁘다.

고른 이유는?

함께 살펴보기

❷는 하루를 자세히 설명하지 않고 '바쁘다'는 말만 여러 번 썼어. ❶은 아침, 학교가 끝난 뒤, 저녁, 밤이 어떻게 바쁜지 자세히 설명했지. 설명글은 이렇게 읽는 사람이 알기 쉽게 자세히 써야 해. 그래서 설명글로는 ❶이 더 좋아.

☂ 같은 제목으로 쓴 두 설명글을 읽고, 어떤 게 더 좋은지 골라 제목 번호에 동그라미 해 봐. 고른 이유도 아래에 간단히 써.

❶ 우리 학교 급식
김소미

우리 학교 급식은 매일 다양하게 나온다. 김치, 고기, 채소, 우유 등 여러 가지다.

국도 다양하게 나오는데 뭐가 나왔는지 잘 기억이 나지 않는다. 지난 주에는 미역국이 나왔던 것 같다.

간식은 우유가 나온 적이 있는 것 같고, 떡도 나왔던 것 같다.

❷ 우리 학교 급식
김소미

우리 학교 급식은 매일 다른 메뉴가 나온다. 밥은 잡곡밥이 자주 나온다. 파스타나 수제비가 나오는 날도 있다.

반찬은 김치가 늘 있는데, 배추김치와 열무김치가 번갈아 나온다. 채소와 고기도 꼭 있다.

간식은 우유나 두유가 나오고, 과일과 떡을 주기도 한다.

고른 이유는? _____

함께 살펴보기

❶은 급식에 무엇이 나오는지 정확히 모른 채로 썼어. 그래서 '~인 것 같다'는 표현이 많아. ❷는 메뉴를 밥, 반찬, 간식으로 나누어서 정확히 설명했어. 설명글은 이렇게 내용을 정확히 써야 해. 그래서 설명글로는 ❷가 더 좋아.

3 짧은 설명글을 얼른 써 봐요

설명글은 사실을 쓰고, 읽는 사람이 알기 쉽게 자세히 쓰고, 내용도 정확히 써야 해.

☂ 앞의 친구들이 쓴 세 글감 중 한 가지를 골라 설명글을 짧게 얼른 써 봐. 설명글에서 지켜야 할 것을 떠올리며 5문장, 또는 더 길게 써.

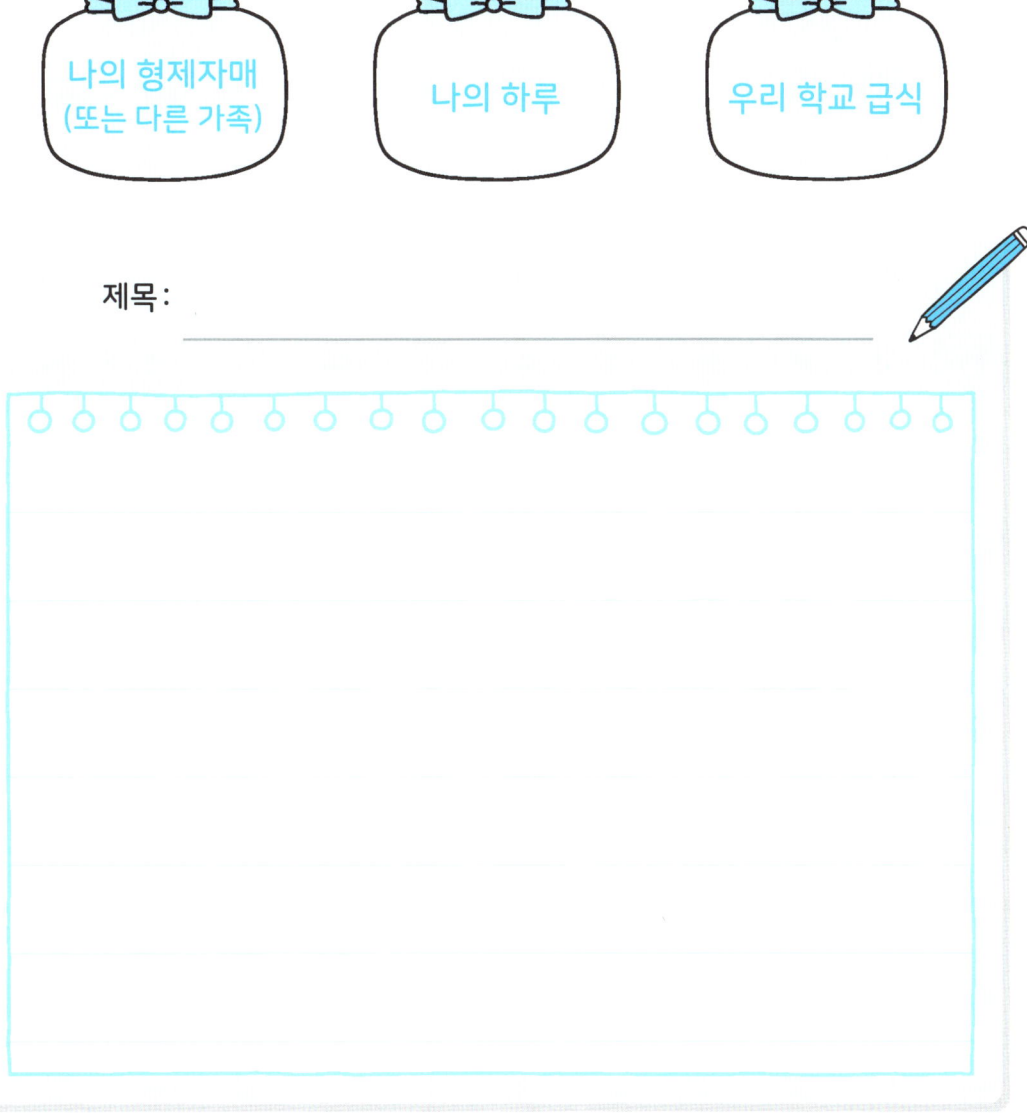

제목:

☂ 네가 좋은 설명글을 뽑는 심사 위원이라고 해 볼까? 좋은 설명글이라고 할 수 있는 것에는 ○, 그렇지 않은 것에는 X로 표시해 줘.

좋은 설명글이란? 심사 위원

1. 내 마음과 느낌을 자세히 쓴 글이야.

2. 사실을 다른 사람에게 정확히 알려 주는 글이야.

3. 정확히 알고 있는 것을 설명하는 글이야.

4. 잘 몰라도 아는 대로만 쓰면 되는 솔직한 글이야.

5. 읽는 사람이 이해하기 쉽게 쓴 글이야.

6. 혼자 상상한 것을 자유롭게 쓴 글이야.

4

설명글을 스스로 써 봐요

열 문장 쓰기

친구들이 쓴 설명글을 먼저 보고, 이어서 설명글 한 편을 스스로 써 봐.

1 친구가 쓴 글을 읽고, 나도 써 봐요

설명글에는 알려 주고 싶은 사실을 정확하고 자세히 담아. 친구가 쓴 글을 먼저 읽어 봐.

☂ 친구가 쓴 설명글을 읽고, 소감이 어떤지 댓글 한 줄을 아래에 달아 줘.

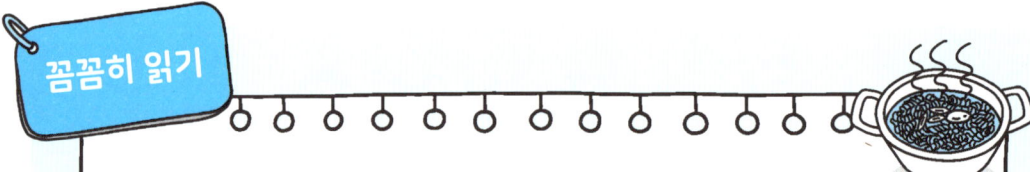

꼼꼼히 읽기

라면을 맛있게 먹는 법

김성준

　나는 라면을 맛있게 먹는 법을 알고 있다. 우선 밤에 먹어야 맛있다. 밤 9시쯤 숙제를 끝내고 엄마한테 끓여 달라고 한다.
　라면을 끓이는 동안 냄새에 취한다. 그래야 라면이 더 맛있게 느껴질 것이다. 냄새로 어떤 라면인지 맞혀 보는 것도 좋은 방법이다.
　라면이 다 되면 얼른 달려간다. 자리에 앉자마자 바로 후루룩 먹는다. 아무에게도 주지 말고 혼자 먹어야 가장 맛있다.
　마지막으로 정말 맛있게 먹는 법은 파김치를 하나 집어 들고 라면과 같이 돌돌 말아 입으로 쏙 집어넣는 것이다. 두 가지 맛이 섞이면서 최고의 맛이 된다.
　꼭 이렇게 라면을 먹어 보길 바란다. 후회하지 않을 것이다.

읽은 소감은? _____

🌂 친구가 쓴 설명글을 꼼꼼히 읽었으면 질문에 대답해 봐.

1. 왼쪽 설명글에서 첫 칸을 비운 부분에 별 표시를 모두 해 줘.

2. 이 설명글은 몇 문단으로 되어 있어?

   [ ] 문단

3. 무엇에 대해 알려 주는(설명하는) 글이야?

   _____

4. 라면을 맛있게 먹는 방법으로 새로 알게 된 것이 있으면 왼쪽 글 위에 밑줄을 모두 그어 봐.

5. 이 글을 쓴 성준이는 라면을 맛있게 먹는 법을 소개한 다음, 마지막으로 어떤 당부를 했어?

   _____

☂ 이제 '음식을 맛있게 먹는 법'이라는 주제로 설명글을 스스로 써 봐. 음식을 하나 골라서 너만의 맛있게 먹는 방법을 담아 쓰는 거야. 아래 질문에 하나씩 말로 답해. 답한 것 중 글에 넣고 싶은 것만 어떤 순서로 쓸지 빈칸에 번호를 매겨 줘.

설명글

☂ 번호를 매겨 보았니? 답한 것을 번호순으로 모아 10문장 이상 설명글을 완성해.

제목: _____

> 쓰다가 내용이 바뀌는 부분에서는 문단을 나눠 줘. 줄을 바꾸고, 첫 칸을 비워서 쓰면 돼.

다 썼으면 보여 주고 싶은 사람에게 보여 주고, 여기에 소감 댓글을 달아 달라고 해.

☂ 이번에는 '내 소개'라는 주제로 설명글을 한 번 더 써 봐. 꽃잎 속 질문에 하나씩 말로 답해. 답한 것 중 글에 넣고 싶은 것만 어떤 순서로 쓸지 빈칸에 번호를 매겨 줘.

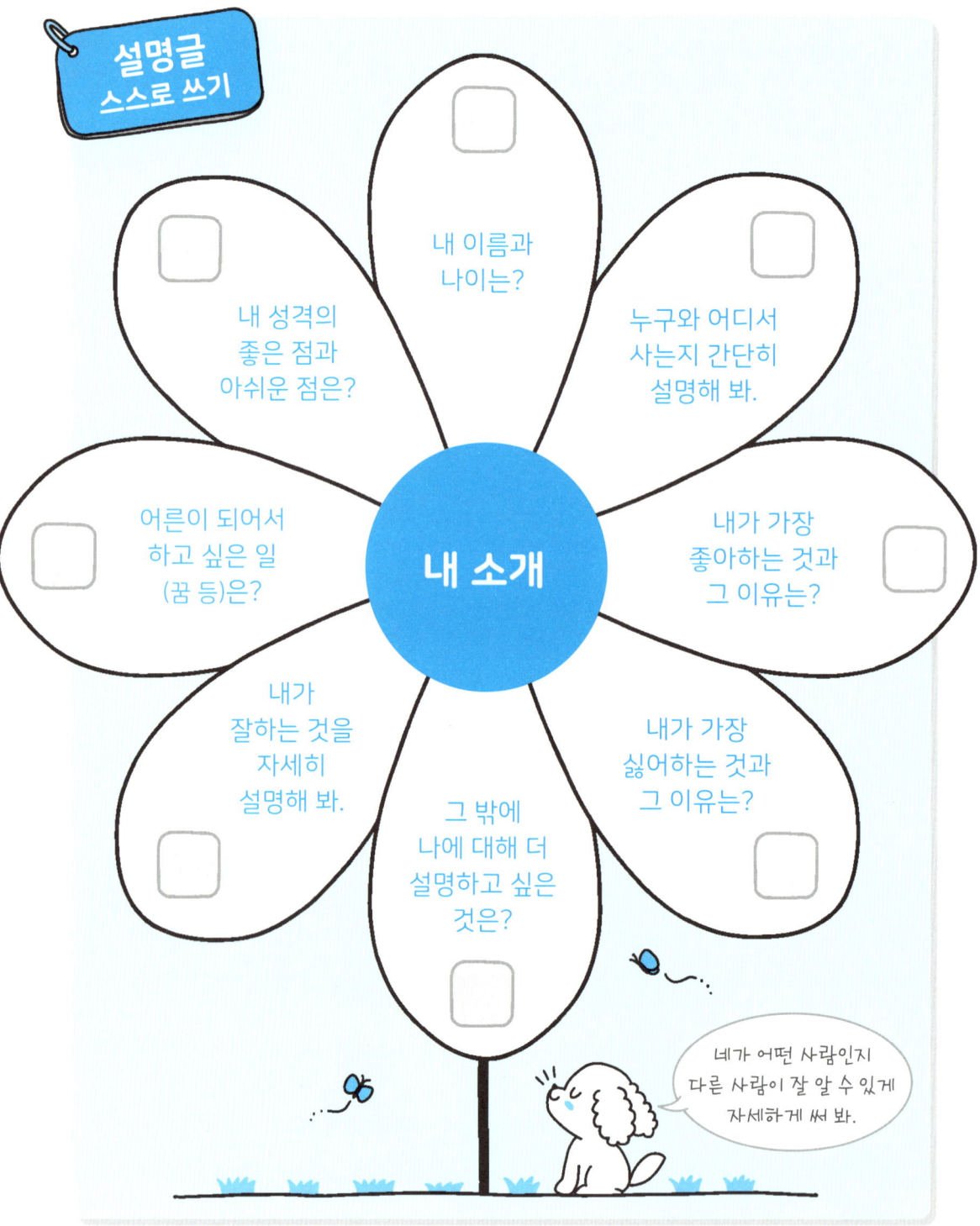

설명글

☂ 번호를 매겨 보았니? 답한 것을 번호순으로 모아 10문장 이상 설명글을 완성해.

제목: _____

다 썼으면 보여 주고 싶은 사람에게 보여 주고, 여기에 소감 댓글을 달아 달라고 해.

🌂 글을 쓴 다음에는 다시 읽고, 어색하거나 잘못된 부분을 고치면 좋아. 이번 장에서 쓴 설명글 중 한 편을 골라 고쳐 봐. 사탕 속 내용을 다 확인하고, 필요한 곳을 고쳤다면 별에 표시해 줘.

살펴볼 글: _____쪽 제목: _____

내 설명글 다시 읽기

- 글을 소리 내어 읽어 봐.
- 알아볼 수 없는 글씨가 있다면 다시 써 봐.
- 읽다가 멈추게 되는 어색한 부분이 있다면 고쳐 봐.
- 사실을 알려 주지 않고 마음과 느낌만 쓴 부분이 있다면 고쳐 봐.
- 정확하지 않게 대강 쓴 내용이 있다면 정확히 고쳐 봐.
- 읽는 사람이 이해하기 어려울 것 같은 내용이 있다면 고쳐 봐.

5 생활글이 뭐예요?

생활 속에서 있었던 일을 중심으로 쓴 글을 생활글이라고 해.

1 생활글이 뭐예요?

매일 살면서 있는 일을 중심으로 쓴 글을 '생활문'이라고 해. 기억하고 싶은 일상과 나의 모습을 담을 수 있는 글이지. 이 책에서는 쉬운 말로 '생활글'이라고 할게.

♪ 아래 내용을 읽으며 생활글이 무엇인지 정확히 알아보자. 풍선 속에서 중요해 보이는 말에는 동그라미도 해 봐.

1. 생활글은 매일 살아가는 일과 그 속에서의 마음을 쓴 글이야.

2. 모든 일을 쓰는 건 아니야. 기록하고 싶은 일을 골라 쓰지.

3. 아주 좋았던 일, 힘들었던 일, 잊지 못할 일 등을 쓰게 돼.

4. 정말로 말하고 싶은 것을 글로 쓰고 나면 속이 후련해지기도 해.

🎵 생활글이 무엇인지 잘 이해했니? 빈칸을 채우며 확인해 봐. 잘 모르겠다면 왼쪽 페이지를 보고 써도 돼.

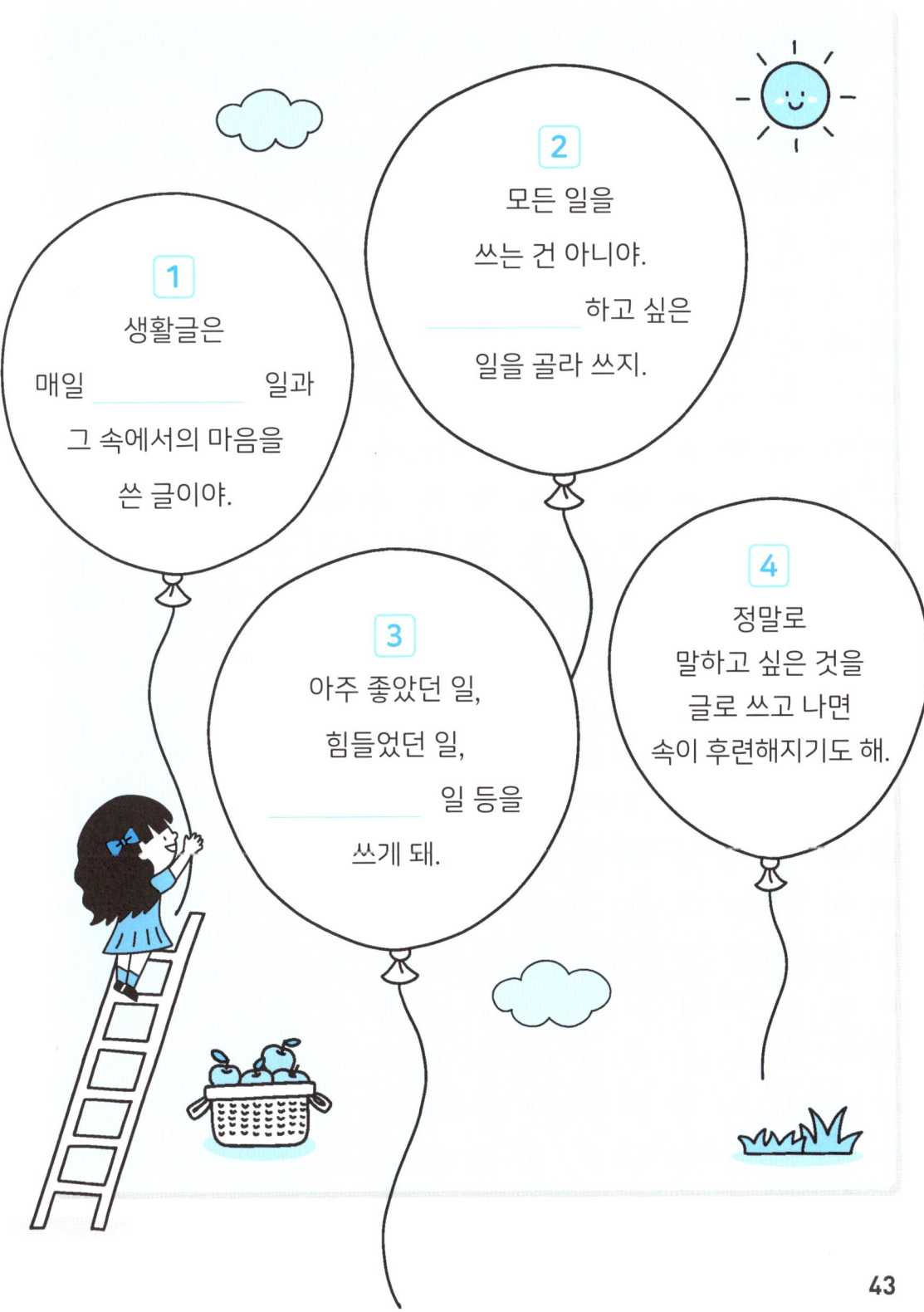

1. 생활글은 매일 _____ 일과 그 속에서의 마음을 쓴 글이야.

2. 모든 일을 쓰는 건 아니야. _____ 하고 싶은 일을 골라 쓰지.

3. 아주 좋았던 일, 힘들었던 일, _____ 일 등을 쓰기 돼.

4. 정말로 말하고 싶은 것을 글로 쓰고 나면 속이 후련해지기도 해.

2 더 좋은 생활글을 골라 봐요

아래에 두 생활글이 있어. 서로 비교해 읽으며 생활글을 어떻게 쓰면 좋을지 알아보자.

♪ 같은 제목으로 쓴 두 생활글을 읽고, 어떤 게 더 좋은지 골라 제목 번호에 동그라미 해 봐. 고른 이유도 아래에 간단히 써.

❶ 생일 파티
김주영

며칠 전에 내 생일이었다. 친구들을 집으로 불러서 생일 파티를 했다. 친구들이 생일 선물도 해 주었다.

정말 많이 먹고 많이 웃었다. 생일이 1년에 세 번이면 좋겠다. 행복한 날이었다.

❷ 생일 파티
김주영

"야호! 오늘 내 생일이다."

아침에 눈을 뜨며 외쳤다. 내 생일 파티 날이기 때문이다. 3시부터 친구들이 집으로 왔다.

생일 선물로 민서가 편지를 줬다. 진성이는 내가 갖고 싶던 포켓몬 카드를 주었다. 친구들과 함께 엄마가 해 주신 맛있는 음식도 먹었다.

"이 스파게티 진짜 맛깔난다!"

유민이 말에 모두 웃었다. 생일은 왜 1년에 한 번일까? 세 번이면 좋겠다.

고른 이유는?

함께 살펴보기

❶은 생일에 있었던 일을 너무 간단히 써서 어떤 상황이었는지 잘 알 수 없어. ❷는 상황이 상상될 만큼 자세히 썼지. 생활글은 이렇게 대강 설명하지 않고 있었던 일을 자세히 묘사해. 그래서 생활글로는 ❷가 더 좋아.

🎵 같은 제목으로 쓴 두 생활글을 읽고, 어떤 게 더 좋은지 골라 제목 번호에 동그라미 해 봐. 고른 이유도 아래에 간단히 써.

❶ 지각
김소민

학교 가는 길에 벚꽃을 보았다. 길마다 가득 피어 있었다. 하늘에서 눈 내리듯 떨어졌다. 꽃을 더 보고 싶어서 공원을 가로질러 가기로 했다. 거기에 벚나무가 더 많기 때문이다.

나는 스마트폰을 들고 공원의 벚꽃을 찰칵 사진 찍었다. 지나가던 할머니가 나를 보고 웃으셨다.

너무 여유를 부린 것 같아서 빨리 걸었다. 학교 앞에 왔는데 아무도 안 보였다. 지각이었다. 하지만 괜찮다. 벚꽃하고 재밌게 놀았으니까!

❷ 지각
김소민

학교 가는 길에 벚꽃을 봤다. 길마다 가득 피어 있었다. 세상에서 벚꽃이 가장 예쁜 것 같다.

어제는 수학 수업이 어려웠다. 오늘은 과학 수업이 어려울 것 같다. 어렵지 않고 늘 재미있는 수업은 대체 무엇일까?

오늘은 엄마가 간식으로 떡볶이를 해 놓는다고 하셨다. 갑자기 먹고 싶어졌다. 오늘 급식은 뭐가 나올까? 그것도 궁금해졌다. 나는 지각을 했다.

고른 이유는?

함께 살펴보기

❷는 무슨 말을 하려는지 잘 알 수 없어. 벚꽃 이야기를 하다가 수업, 간식, 급식 등 다른 이야기를 해. ❶은 벚꽃을 보느라 지각했지만 재밌게 놀아서 좋았다는 한 가지 주제를 분명히 담았어. 생활글은 이렇게 하고 싶은 말, 그러니까 한 가지 주제를 분명히 담아야 해. 그래서 생활글로는 ❶이 더 좋아.

🎵 같은 주제로 쓴 두 생활글을 읽고, 어떤 게 더 좋은지 골라 제목 번호에 동그라미 해 봐. 고른 이유도 아래에 간단히 써.

❶ 할머니
정미소

할머니가 돌아가셨다. 엄마가 학교에 전화를 해서 나는 조퇴를 했다.

엄마와 장례식장에 도착하니 가족들이 벌써 다 모여 있었다. 할머니 영정 사진을 보니 눈물이 나왔다.

할머니는 나를 참 많이 아껴 주셨다. 그런데 얼마 전 갑자기 아프셔서 병원에 입원하셨다. 그러다가 한 달 만에 돌아가셨다. 눈물이 계속 나온다. 벌써 할머니가 보고 싶다.

❷ 벌써 그리운 할머니
정미소

"미소야! 복도로 나와 봐."

1교시가 끝나고 선생님이 부르셨다.

"집에서 전화가 왔는데 할머니가 돌아가셨대. 얼른 집에 가 봐."

너무 놀라 집으로 뛰어갔다. 엄마가 울고 계셨다.

"가자, 장례식장에."

엄마는 짧게 말했다. 엄마가 운전을 하면 위험할 것 같아 택시를 잡는데 너무 안 잡혀서 답답하게 느껴졌다.

장례식장에 도착하자 할머니가 돌아가신 게 비로소 실감되며 눈물이 났다. 벌써부터 할머니가 보고 싶다.

고른 이유는? _____

함께 살펴보기

두 글 모두 할머니가 갑자기 돌아가셔서 그립다는 마음을 담아 썼어. 그런데 ❷에서 그 마음이 좀 더 잘 느껴져. 따옴표로 대화 글을 넣어서 생생하고, 제목도 글의 주제를 더 잘 담아내서야. 생활글은 이렇게 대화 글 등으로 생생하게 표현하고, 하고 싶은 말을 잘 담아낸 제목을 달아 주는 게 좋아.

3 짧은 생활글을 얼른 써 봐요

생활글은 생활에서 있었던 일을 자세히 묘사하고, 한 가지 주제를 분명히 담고, 대화 글 등을 넣어 생생하게 쓰는 게 좋아.

🎵 앞의 친구들이 쓴 세 글감 중 한 가지를 골라 생활글을 짧게 얼른 써 봐. 생활글에서 지켜야 할 것을 떠올리며 5문장, 또는 더 길게 써.

제목:

🎵 네가 좋은 생활글을 뽑는 심사 위원이라고 해 볼까? 좋은 생활글이라고 할 수 있는 것에는 ○, 그렇지 않은 것에는 X로 표시해 줘.

좋은 생활글이란?

심사 위원

1. 생활에서 있었던 여러 가지 일 전부를 쓰는 글이야.

2. 잊지 못할 경험이나 기억하고 싶은 일을 골라서 자세히 묘사한 글이야.

3. 하고 싶은 말인 주제를 분명히 담은 글이야.

4. 제목이 내용을 잘 담아낸 글이야.

5. 내 마음이나 느낌은 거의 쓰지 않는 글이야.

6. 겪었던 상황이 생생하게 느껴지는 글이야.

6

생활글을 스스로 써 봐요

열 문장 쓰기

친구들이 쓴 생활글을 먼저 보고, 이어서 생활글 한 편을 스스로 써 봐.

1 친구가 쓴 글을 읽고, 나도 써 봐요

생활글은 생활에서 있었던 한 가지 주제를 자세하고 생생하게 써. 친구가 쓴 글을 먼저 읽어 볼까?

🎵 친구가 쓴 생활글을 읽고, 소감이 어떤지 댓글 한 줄을 아래에 달아 줘.

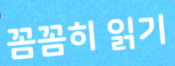

다툼

김지우

놀이터에서 그네를 타고 있었다. 그런데 어디선가 준영이가 갑자기 나타나서는 나한테 내리라고 했다. 나는 싫다고 했다. 그러자 준영이가 내가 탄 그네를 확 밀었다. 그네가 너무 높이 올라가서 깜짝 놀랐다.
"야, 왜 그래?"
"그러니까 내리라고 했잖아."
나는 어쩔 수 없이 내렸다. 그리고 집으로 왔다. 오는 내내 분한 마음이 가시지 않았다. 창문으로 내려다보니 준영이가 신나게 그네를 타고 있었다. 머리를 써서 내일 복수해야겠다.

🎵 친구가 쓴 생활글을 꼼꼼히 읽었으면 질문에 대답해 봐.

1. 이 생활글은 총 몇 문장으로 되어 있어?

   ☐ 문장

2. 왼쪽 생활글에서 첫 칸을 비운 부분에 별 표시를 모두 해 줘.

3. 이 글은 지우의 생활에서 있었던 일을 담고 있어. 어떤 일에 대해 썼어?

   _____

4. 이날 지우의 마음은 어땠을까?

   _____

5. 네가 지우의 입장이라면 어떻게 했을 것 같아?

   _____

6. 이 글의 제목을 새로 지어 봐. 내용과 어울리면서도 호기심을 끌 수 있게 말이야.

   _____

🎵 이제 '다툼'이라는 주제로 생활글을 스스로 써 봐. 글감은 같지만 너만의 경험으로 다르게 쓰는 거야. 아래 질문에 하나씩 말로 답해. 답한 것 중 글에 넣고 싶은 것만 어떤 순서로 쓸지 빈칸에 번호를 매겨 줘.

생활글 스스로 쓰기

다툼(속상했던 일)

- [ ] 누구랑 다투었어?(누구 때문에 속상했어?)

- [ ] 언제 있었던 일이야?

- [ ] 어디에서 있었던 일이야?

- [ ] 어떤 일로 다투었어?(어떤 일 때문에 속상했어?)

- [ ] 평소에도 그 사람과 자주 다투었어?
  (그 사람 때문에 자주 속상했어?)
  그렇다면 이유는 뭐야?
  그 사람은 어떤 말을 했어? 너는 어떤 말을 했어?

- [ ] 그 일이 있은 다음에 어떤 마음이 들었어?
  (어떤 생각을 했어?)

> 다툰 것까지는 아니더라도 속상하거나 섭섭했던 적이 있다면 써 봐.

생활글

♪ 번호를 매겨 보았니? 답한 것을 번호순으로 모아 10문장 이상 생활글을 완성해.

제목: _____

쓰다가 더 생각나는 게 있으면 더 쓰고, 빼고 싶은 게 있으면 빼고 써도 돼.

다 썼으면 보여 주고 싶은 사람에게 보여 주고, 여기에 소감 댓글을 달아 달라고 해.

🎵 이번에는 '가족에게 고마웠던 일'을 주제로 생활글을 써 봐. 꽃잎 속 질문에 하나씩 말로 답해. 답한 것 중 글에 넣고 싶은 것만 어떤 순서로 쓸지 빈칸에 번호를 매겨 봐.

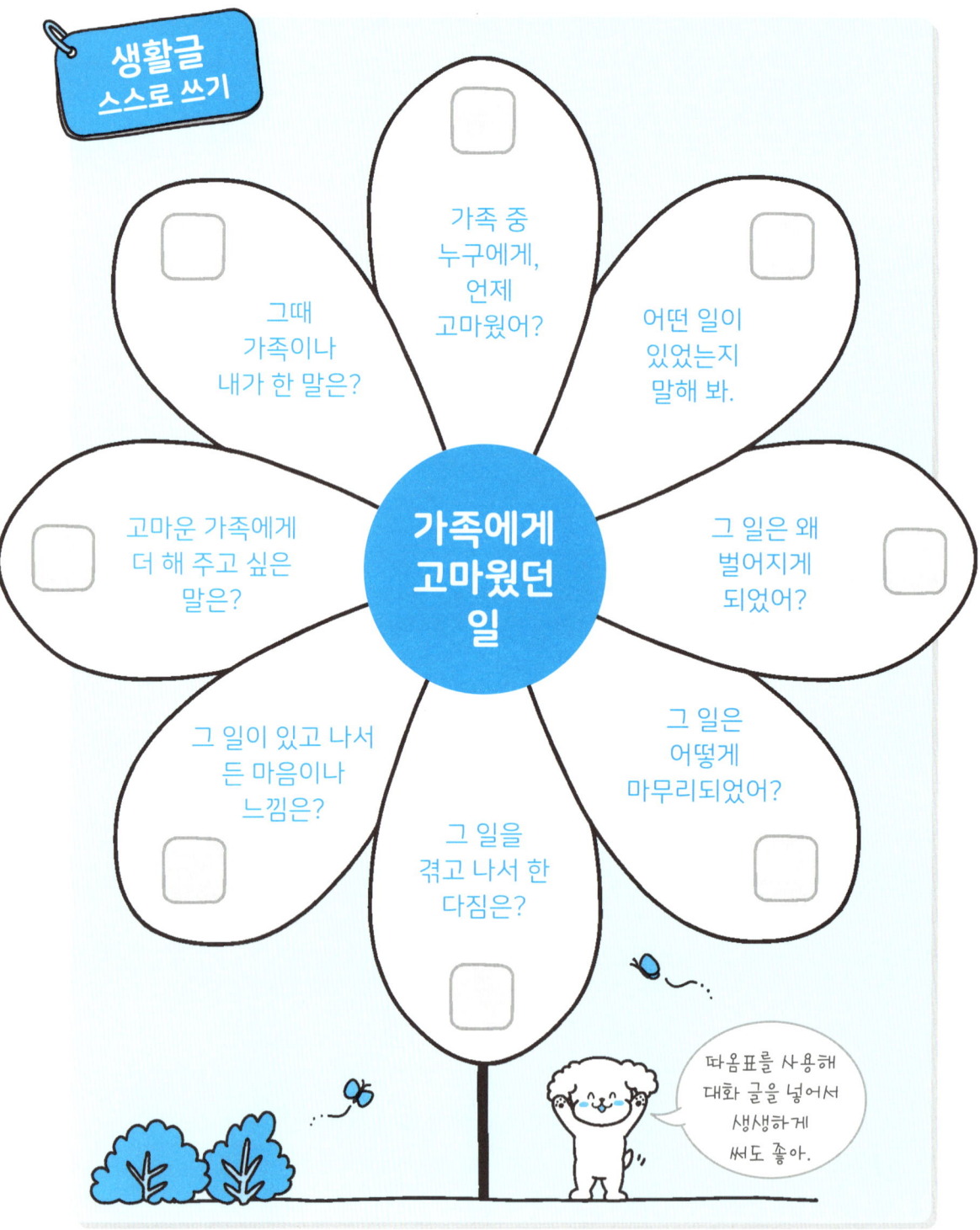

생활글

🎵 번호를 매겨 보았니? 답한 것을 번호순으로 모아 10문장 이상 생활글을 완성해.

제목 :

다 썼으면 보여 주고 싶은 사람에게 보여 주고, 여기에 소감 댓글을 달아 달라고 해.

🎵 글을 쓴 다음에는 다시 읽고, 어색하거나 잘못된 부분을 고치면 좋아. 이번 장에서 쓴 생활글 중 한 편을 골라 고쳐 봐. 선물 속 내용을 다 확인하고, 필요한 곳을 고쳤다면 빈칸에 표시해 줘.

살펴볼 글: _____ 쪽   제목: _____

내 생활글 다시 읽기

- 글을 소리 내어 읽어 봐.
- 알아볼 수 없는 글씨가 있다면 다시 써 봐.
- 읽다가 멈추게 되는 어색한 부분이 있다면 고쳐 봐.
- 너에게 있었던 일을 읽는 사람이 자세히 알 수 있는지 살펴봐.
- 그 일을 겪으면서 들었던 너의 마음이 잘 표현되었는지 살펴봐.
- 제목이 글의 내용을 잘 담아내고 있는지 살펴봐.

7. 주장글이 뭐예요?

어떤 일에 대해 네가 주장하는 것을 담는 글을 주장글이라고 해.

1 주장글이 뭐예요?

내가 내세우는 의견(주장)을 조리 있게 담은 글을 '논설문'이라고 해. 다른 사람을 내 주장대로 설득하기 위해 쓰는 글이지. 이 책에서는 쉬운 말로 '주장글'이라고 할게.

아래 내용을 읽으며 주장글이 무엇인지 정확히 알아보자. 풍선 속에서 중요해 보이는 말에는 동그라미도 해 봐.

1. 주장글은 사람들이 중요하게 여기는 어떤 일에 대한 나의 주장을 쓴 글이야.

2. 주장글은 다른 사람도 나처럼 생각하고 행동하게 만드는 것, 그러니까 설득하는 게 목적이야.

3. 주장을 하려면 그렇게 주장하는 까닭을 써야 해. 이것을 근거라고 해.

4. 남을 설득하려면 주장글에 담은 주장과 근거가 합리적이어야 해.

주장글이 무엇인지 잘 이해했니? 빈칸을 채우며 확인해 봐. 잘 모르겠다면 왼쪽 페이지를 보고 써도 돼.

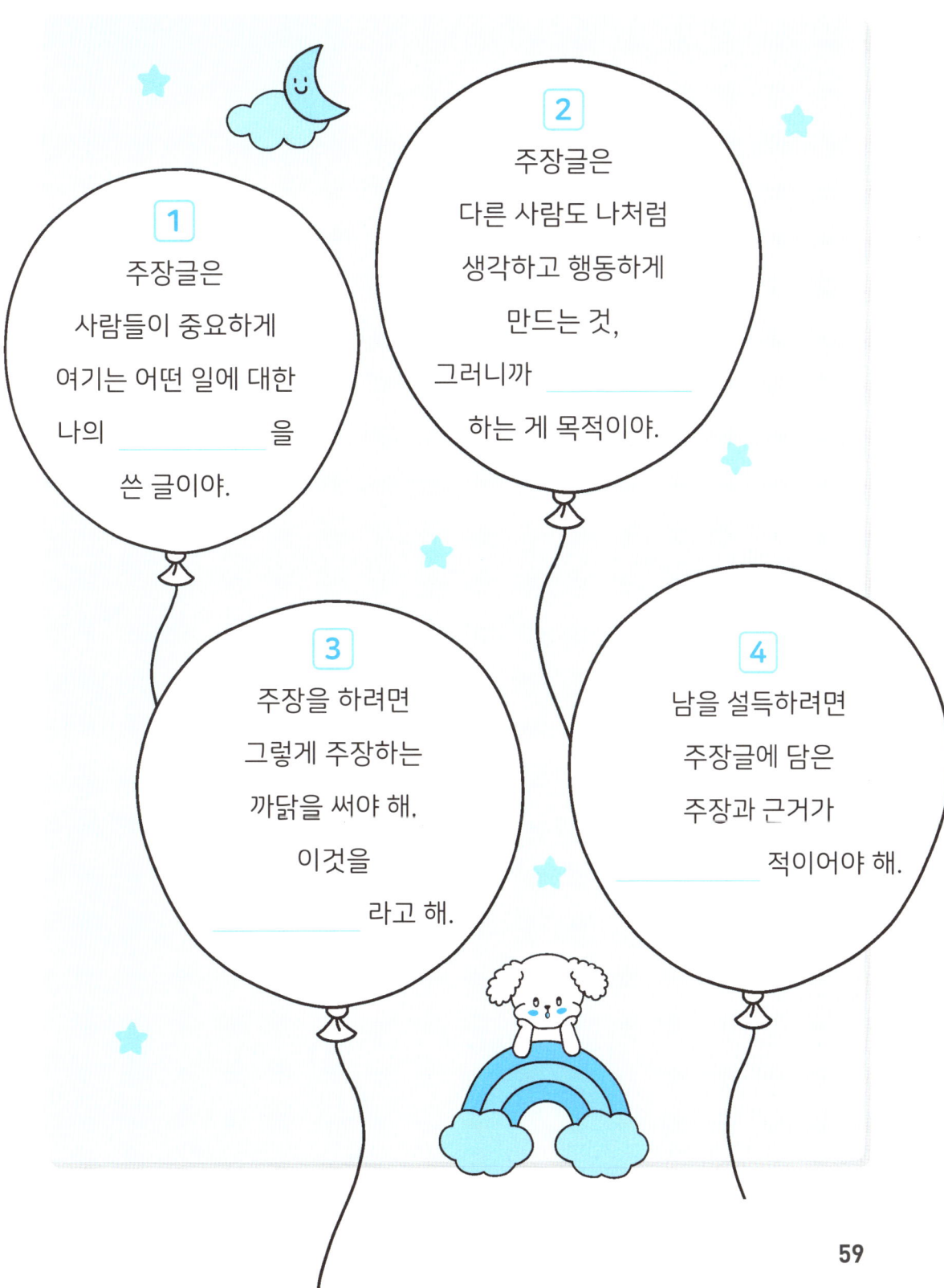

1. 주장글은 사람들이 중요하게 여기는 어떤 일에 대한 나의 _____을 쓴 글이야.

2. 주장글은 다른 사람도 나처럼 생각하고 행동하게 만드는 것, 그러니까 _____ 하는 게 목적이야.

3. 주장을 하려면 그렇게 주장하는 까닭을 써야 해. 이것을 _____ 라고 해.

4. 남을 설득하려면 주장글에 담은 주장과 근거가 _____ 적이어야 해.

2 더 좋은 주장글을 골라 봐요

아래에 두 주장글이 있어. 서로 비교해 읽으며 주장글을 어떻게 쓰면 좋을지 알아보자.

같은 주제로 쓴 두 주장글을 읽고, 어떤 게 더 좋은지 골라 제목 번호에 동그라미 해 봐. 고른 이유도 아래에 간단히 써.

---

❶ 교실이 시끄럽다

민정희

우리 교실은 너무 시끄럽다. 그래서 집중이 잘 안 된다. 어떤 때는 귀가 얼얼할 정도다.

선생님이 조용히 하라고 하지만 아이들이 말을 잘 안 듣는다. 그래서 학교에 오면 얼른 집에 가고 싶어진다.

❷ 쉬는 시간에 떠들지 말자

김정우

우리 교실은 매우 시끄럽다. 쉬는 시간이면 20명 중 반 이상이 큰 소리로 떠든다.

그래서 조용히 쉬는 아이들에게 방해가 된다. 독서나 수업 준비를 하는 아이들도 집중하기 힘들다.

함께 쓰는 교실이니 쉬는 시간이라도 너무 떠들지는 않도록 하자.

고른 이유는? _____

> **함께 살펴보기**
>
> ❶은 교실이 시끄러웠던 상황과 내 마음을 써서 생활글처럼 보여. ❷는 쉬는 시간이 시끄러워 불편한 점을 들며 앞으로 어떻게 하자는 주장을 썼어. 주장글은 이렇게 상황만 쓰지 않고 어떻게 해야 한다는 주장을 담아야 해.

같은 제목으로 쓴 두 주장글을 읽고, 어떤 게 더 좋은지 골라 제목 번호에 동그라미 해 봐. 고른 이유도 아래에 간단히 써.

❶ 책을 많이 읽어야 한다
김소진

나는 책을 좋아한다. 책을 읽으면 행복해지기 때문이다. 이야기에 빠져들어 있는 동안은 아무 생각이 나지 않는다.

그래서 하루 종일 책만 읽고 싶다. 하루에 10권도 더 읽을 수 있을 것 같다.

다시 말하지만 나는 책을 읽는 게 참 좋다. 초등학생이 모두 책을 많이 읽었으면 좋겠다.

❷ 책을 많이 읽어야 한다
오아람

책을 읽지 않는 아이들이 많다. 반에서 설문 조사를 했는데 한 달에 3권 이상 읽는 아이는 전체 22명 중 4명뿐이었다. 하지만 초등학생은 책을 많이 읽어야 한다.

책은 공부하느라 바쁜 아이들에게 휴식이 된다. 재미난 이야기에 빠져들면 피로가 풀리기 때문이다. 또 여러 가지 책을 읽다 보면 저절로 아는 것이 많아진다.

이런 좋은 책을 더 가까이 하자.

고른 이유는? _____

함께 살펴보기

❶은 책을 많이 읽으면 좋겠다고는 했지만 자기가 책을 얼마나 좋아하는지만 길게 썼어. ❷는 초등학생이 책을 많이 읽어야 한다고 분명하게 주장하고, 왜 그런지 다른 사람도 받아들일 수 있는 까닭(근거)을 몇 가지로 들었지. 주장글은 이처럼 그렇게 주장하는 까닭인 근거가 명확히 드러나야 해.

같은 제목으로 쓴 두 주장글을 읽고, 어떤 게 더 좋은지 골라 제목 번호에 동그라미 해 봐. 고른 이유도 아래에 간단히 써.

❶ 초등학생은 운동을 매일 해야 한다
김정우

동네 공원에 운동하는 사람이 많다. 나도 운동을 매일 나간다. 이렇게 초등학생도 운동을 하면 좋다.

첫째, 운동을 하면 스트레스가 해소되기 때문이다. 공부가 끝나고 운동을 하면 머리가 개운해진다.

둘째, 건강에 좋다. 학교와 학원에서 매일 오래 앉아 있는 초등학생들은 저녁에라도 잠시 운동을 해야 건강할 수 있다.

매일 10분, 운동하는 습관을 꼭 들이자.

❷ 초등학생은 운동을 매일 해야 한다
민소라

우리 가족은 매일 운동을 한다. 나도 매일 줄넘기를 20분씩 하면서 잠도 잘 자고 건강해졌다. 이렇듯 초등학생도 운동을 해야 한다.

첫째, 운동은 머리를 맑게 해 준다. 운동을 하면 몸동작에 집중하게 되어 머리가 맑아진다.

둘째, 운동을 하면 숙제를 빼먹을 수 있다. 운동한다고 하면 엄마가 숙제를 빨리하라고 잔소리를 하지 않기 때문이다.

모두 매일 운동해서 건강해지자.

고른 이유는? _____

함께 살펴보기

❶은 운동해야 한다는 주장의 근거로 스트레스가 해소되고 건강해진다고 썼어. 누구나 인정할 수 있지. 하지만 ❷는 숙제를 빼먹어도 된다고 했어. 이건 남을 설득하기 힘들어. **주장글**에서 근거는 대부분의 사람이 인정할 수 있어야 해.

3 짧은 주장글을 얼른 써 봐요

주장글은 이래야 한다는 분명한 주장을 담고, 주장에 대한 근거를 들 수 있어야 해. 근거는 대부분의 사람이 인정할 수 있는 것이어야 하지.

📢 앞의 친구들이 쓴 세 글감 중 한 가지를 골라 주장글을 짧게 얼른 써 봐. 주장글에서 지켜야 할 것을 떠올리며 5문장, 또는 더 길게 써.

- 쉬는 시간에 떠들지 말자
- 책을 많이 읽어야 한다
- 초등학생은 운동을 매일 해야 한다

제목:

네가 좋은 주장글을 뽑는 심사 위원이라고 해 볼까? 좋은 주장글이라고 할 수 있는 것에는 ○, 그렇지 않은 것에는 X로 표시해 줘.

좋은 **주장글**이란?

심사 위원

1. 많은 사람들이 중요하게 여기는 일에 대한 나의 주장을 쓴 글이야.

2. 다른 사람도 나처럼 생각하고 행동하도록 설득하는 글이야.

3. 나 혼자에게만 중요한 내용을 쓴 글이야.

4. 그 일을 어떻게 하자는 분명한 주장을 담아야 해.

5. 글에서 든 근거는 대부분의 사람이 인정할 수 있어야 해.

6. 과장되더라도 강한 근거를 드는 게 좋아.

8 주장글을 스스로 써 봐요

열 문장 쓰기

친구들이 쓴 주장글을 먼저 보고, 이어서 주장글 한 편을 스스로 써 봐.

1 친구가 쓴 글을 읽고, 나도 써 봐요

주장은 자기가 내세우는 의견을 말해. 친구가 자기 주장을 담아 쓴 주장글을 읽어 봐.

📢 친구가 쓴 주장글을 읽고, 소감이 어떤지 댓글 한 줄을 아래에 달아 줘.

꼼꼼히 읽기

비교는 이제 그만!

오승민

요즘 아빠는 비교하는 말을 많이 하신다. 어제 민호가 집에 놀러 왔는데 아빠가 민호에게 수학을 잘하냐고 물었다. 민호는 반에서 수학을 가장 잘하니 그렇다고 했다. 그러자 아빠는 나를 흘겨보았다.

왜 나랑 민호를 비교하시는 걸까? 비교를 당하면 속상하다. 마음에서 무언가 요동치는 것 같다. 울고 싶기도 하다.

비교를 당하면 내가 잘하는 것도 하찮게 생각하게 된다. 나는 축구를 잘한다. 공도 잘 차고 골도 잘 넣는 편이다. 그런데 수학 이야기가 나오면 내가 잘하는 게 하찮게 느껴진다.

아빠가 참 좋지만 수학 이야기를 할 때는 다른 사람 같다. 밥 먹을 때도 그러시니까 같이 먹는 게 부담스럽다. 아빠가 미워질까 봐 걱정된다.

비교하지 않으면 좋겠다. 내가 잘 못 하는 것보다 잘하는 것을 더 많이 생각할 수 있으면 좋겠다.

읽은 소감은? _____

친구가 쓴 주장글을 꼼꼼히 읽었으면 질문에 대답해 봐.

1. 이 주장글은 몇 문단으로 되어 있어?

   [ ] 문단

2. 이 글에서 승민이가 주장하는 것은 뭐야?

   _____

3. 아빠가 승민이에게 잘하기를 바라는 것은 뭐야?

   _____

4. 승민이는 비교하면 안 된다는 주장의 근거(그렇게 주장하는 까닭)를 몇 가지 들었어?

   [ ] 가지

5. 비교하면 안 된다는 주장의 근거를 쓴 부분에 밑줄을 그어 봐(왼쪽 글 위에 그어 봐.).

📢 이제 '비교를 하지 말자'라는 주제로 주장글을 스스로 써 봐. 글감은 같지만 너만의 근거를 들어 다르게 쓰는 거야. 아래 질문에 하나씩 말로 답해. 답한 것 중 글에 넣고 싶은 것만 어떤 순서로 쓸지 빈칸에 번호를 매겨 줘.

주장글 스스로 쓰기

비교를 하지 말자

- [ ] 누가 비교하는 말을 했어?

- [ ] 어떤 점을 누구와 비교했어?

- [ ] 비교를 하지 말자는 첫 번째 이유는?

- [ ] 비교를 하지 말자는 두 번째 이유는?

- [ ] 비교를 하지 말자는 세 번째 이유는?

- [ ] 비교하지 않으면 무엇이 좋아질 것 같아?

- [ ] 그 밖에 더 주장하고 싶은 말은?

누구나 인정할 수 있는 근거(그렇게 주장하는 까닭)를 들어 봐.

주장글

번호를 매겨 보았니? 답한 것을 번호순으로 모아 10문장 이상 주장글을 완성해.

제목:

쓰다가 내용이 바뀌는 부분에서는 문단을 나눠 줘. 줄을 바꾸고, 첫 칸을 비워서 쓰면 돼.

다 썼으면 보여 주고 싶은 사람에게 보여 주고, 여기에 소감 댓글을 달아 달라고 해.

이번에는 '친구에게 욕하지 말자'를 주제로 주장글을 써 봐. 수레바퀴 가운데 동그라미에 주장하고 싶은 문장을 썼어. 그 바깥쪽 칸에 그렇게 주장하는 근거를 세 가지 써. 가장자리 칸에는 그 근거를 더 자세히 설명해 봐.

주장글

🐾 수레바퀴에 적은 것을 모아 10문장 이상 주장글을 완성해(글을 시작할 때는 그 주장을 하게 된 경험이나 이유를 들며 어떤 주장을 하겠다고 먼저 써 봐. 그다음, 근거를 하나씩 들면 돼.).

제목 : _____

다 썼으면 보여 주고 싶은 사람에게 보여 주고, 여기에 소감 댓글을 달아 달라고 해.

글을 쓴 다음에는 다시 읽고, 어색하거나 잘못된 부분을 고치면 좋아. 이번 장에서 쓴 주장글 중 한 편을 골라 고쳐 봐. 마이크 속 내용을 다 확인하고, 필요한 곳을 고쳤다면 빈칸에 표시해 줘.

살펴볼 글: _____ 쪽   제목: _____

9 독후감상글이 뭐예요?

책을 읽고 난 다음, 감상을 중심으로 쓴 글을 독후감상글이라고 해.

1 독후감상글이 뭐예요?

책을 읽고 난 감상을 중심으로 쓴 글을 '독후 감상문'이라고 해. 책을 읽고 움직인 내 마음과 생각을 살필 수 있지. 이 책에서는 쉬운 말로 '독후감상글'이라고 할게.

📖 아래 내용을 읽으며 독후감상글이 무엇인지 정확하게 알아보자. 풍선 속에서 중요해 보이는 말에는 동그라미도 해 봐.

1. 독후감상글은 책을 읽고 나서 움직인 내 마음이나 생각을 쓴 글이야.

2. 책 줄거리를 꼭 다 쓰지는 않아도 돼. 책을 읽고 난 내 마음과 생각을 담는 게 중요해.

3. 책 내용과 연결되는 내 경험을 떠올려 쓰면 더욱 생생한 독후감상글이 돼.

4. 마음에 드는 등장인물이나 마음에 들지 않는 등장인물을 소개하고 비판하는 방식으로 쓰기도 해.

📖 독후감상글이 무엇인지 잘 이해했니? 빈칸을 채우며 확인해 봐. 잘 모르겠다면 왼쪽 페이지를 보고 써도 돼.

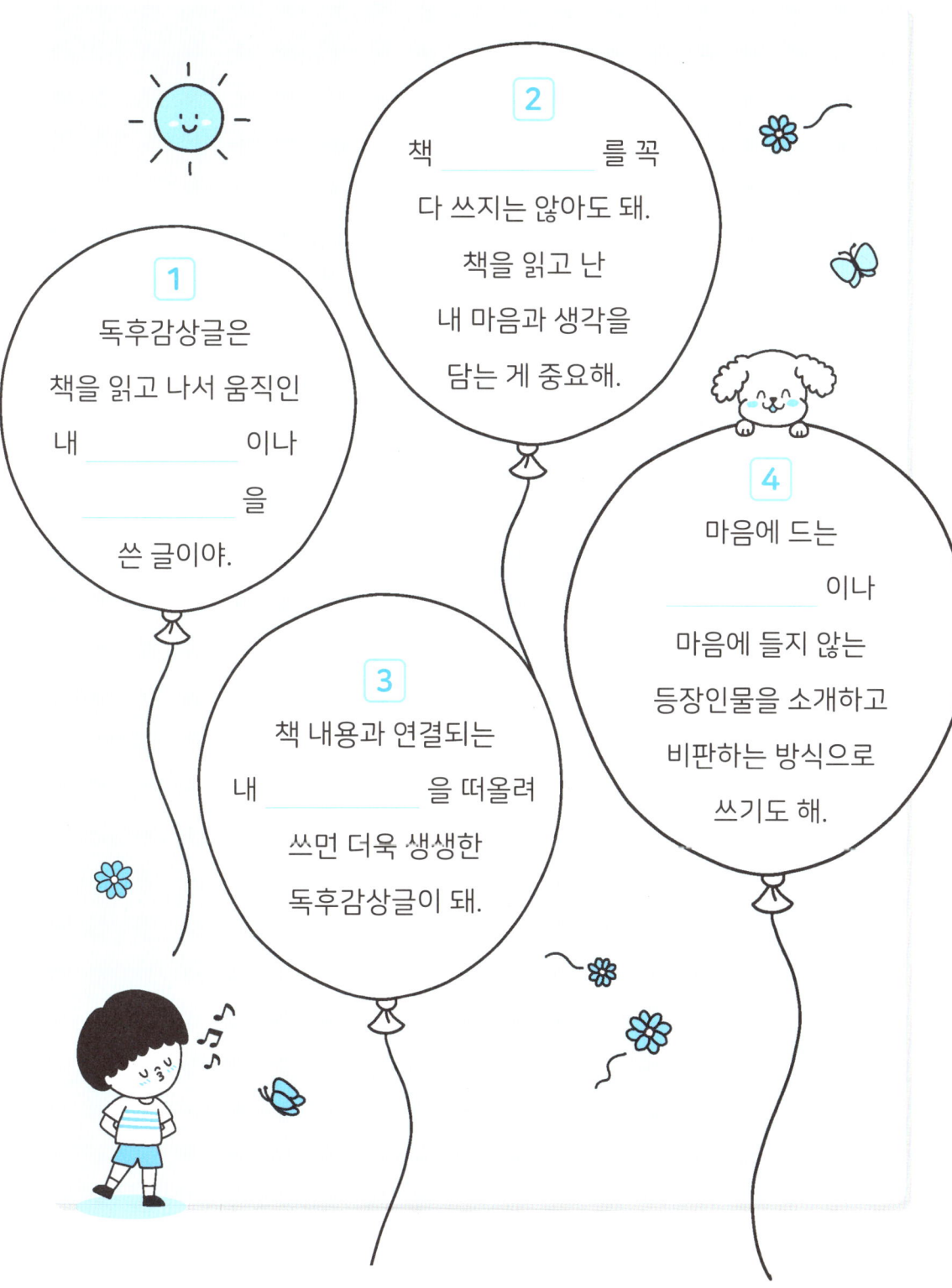

1. 독후감상글은 책을 읽고 나서 움직인 내 _____ 이나 _____ 을 쓴 글이야.

2. 책 _____ 를 꼭 다 쓰지는 않아도 돼. 책을 읽고 난 내 마음과 생각을 담는 게 중요해.

3. 책 내용과 연결되는 내 _____ 을 떠올려 쓰면 더욱 생생한 독후감상글이 돼.

4. 마음에 드는 _____ 이나 마음에 들지 않는 등장인물을 소개하고 비판하는 방식으로 쓰기도 해.

2 독후감상글을 쓰는 3가지 방법

친구가 쓴 글을 먼저 읽고, 독후감상글을 어떻게 쓰면 좋을지 알아보자.

📖 친구가 쓴 독후감상글을 읽고, 아래 질문에 대답해 봐.

《해와 달이 된 오누이》를 읽고

정현민

　이 이야기 속 오누이의 엄마는 일을 하러 갔다가 늦은 밤 집에 오고 있었다. 그때 호랑이가 나타나 떡을 주면 안 잡아먹는다고 했다. 엄마는 떡을 다 주었지만 호랑이는 결국 엄마를 잡아먹고 집으로 갔다. 그리고 오누이마저 잡아먹으려 했다.
　다행히 오빠가 지혜를 내어 결국 호랑이는 나무에서 떨어져 죽고 말았다. 그리고 나무 위에 있었던 오누이는 동아줄을 타고 하늘로 올라가 해와 달이 되었다. 정말 재밌었다.

- 마지막 색깔 문장 말고, 나머지는 모두 무엇을 쓴 거야?

- 맨 마지막 색깔 문장은 이 독후감상글에만 쓸 수 있을까, 다른 책의 독후감상글에도 쓸 수 있을까?

함께 살펴보기

위 글은 줄거리만 많이 썼어. **독후감상글은** 그보다 책을 읽고 난 마음과 생각을 자세히 담는 게 좋아. 이 글에서 생각은 '정말 재밌었다.'뿐이야. 어느 독후감상글에나 똑같이 쓸 수 있는 이런 말도 다른 자세한 표현으로 바꾸도록 해.

그럼 독후감상글을 어떻게 쓰는 게 좋을까? 아래 방법들을 읽어 봐.

1 인물의 행동을 비판하는 독후감상글

책 속에는 여러 등장인물이 나와. 그 인물들이 다 올바른 행동을 하는 건 아니야. 생활 속에 정말 다양한 사람이 있듯 실제처럼 지어낸 책 속 이야기에서도 그렇지. 그래서 올바르지 않은 행동을 하는 인물을 찾아 왜 그런지 쓰면 실제 생활 속 우리의 생각과 태도를 돌아볼 수 있어.

2 내 경험과 연결 짓는 독후감상글

책을 읽으면 평소 내 모습과 생활을 되짚어 볼 수 있어. 위로와 공감을 얻을 수도 있지. 책 속 이야기는 실제로 있을 법한 일을 보여 주기 때문에 자연스럽게 내가 경험했던 일들을 떠올리게 해. 그렇게 책 속 이야기와 내 경험을 견주어 보면 살아가는 데 도움이 되지.

3 주제를 다르게 생각해 보는 독후감상글

이야기를 쓰는 사람을 '작가'라고 해. 작가는 왜 이야기를 쓸까? 읽는 사람들에게 전하고 싶은 말이 있어서야. 이것을 '주제'라고 해. 그런데 가끔 읽는 사람이 주제에 동의하지 않을 수도 있어. 그럴 때는 동의하지 않는 이유를 생각해 보면 좋아. 그러면서 내 생각이 자라나거든

- 잘 읽어 보았니? 그동안 너는 어떤 방식으로 독후감상글을 썼는지 번호를 써 봐.

- 독후감상글을 쓰는 위의 3가지 방법 중 새롭게 알게 된 것이 있다면 번호를 써 봐.

📖 친구들이 《해와 달이 된 오누이》를 읽고 앞에 나온 3가지 방법으로 짧은 독후감상글을 썼어. 각각 어떤 방법으로 썼는지 보기 에서 골라 빈칸에 써 봐.

> 보기
> ① 인물의 행동을 비판하는 독후감상글 | ② 내 경험과 연결 짓는 독후감상글
> ③ 주제를 다르게 생각해 보는 독후감상글

《해와 달이 된 오누이》를 읽고

오누이의 행복을 빈다
김로운

남을 죽이면 호랑이처럼 큰 벌을 받는 게 당연하다고 생각했다. 그래야 같은 일을 다시 하지 않을 것이다. 그런데 죄 없는 오누이가 해와 달이 된 것은 의아했다. 오누이는 그냥 사람으로 살게 두었으면 더 좋았을 거다. 행복해야 할 오누이까지 벌을 받은 것 같다.

밤늦게 혼자 집에 있었던 날
손아린

나도 엄마 아빠가 외출했다가 밤늦게 오셔서 오누이처럼 혼자 있었던 날이 있었다. 차가 막혀서 늦으신다고 누가 와도 문을 열지 말라고 하셨다. 낯선 사람이 오지는 않았지만 정말 무서웠다. 오누이와 같은 일을 겪지 않도록 누구든 늘 조심해야 한다.

욕심이 지나친 호랑이
정서아

호랑이는 욕심이 참 많다. 떡을 다 먹고도 오누이의 엄마를 잡아먹었다. 또 오누이까지 잡아먹으려고 하다가 벌을 받았다. 호랑이처럼 욕심이 지나치면 결국 자기 자신에게도 나쁜 일이 된다. 적당히 했으면 늘 떡을 얻어 먹으며 잘 살았을 텐데 말이다.

3 짧은 독후감상글을 얼른 써 봐요

독후감상글은 책 속 인물의 행동을 비판하거나, 내 경험과 연결 짓거나, 책의 주제를 다르게 생각해서 써 볼 수 있어.

《해와 달이 된 오누이》 이야기를 알고 있지? 아래 세 방법 중 한 가지를 골라 이 이야기의 독후감상글을 짧게 얼른 써 봐. 5문장, 또는 더 길게 써도 돼.

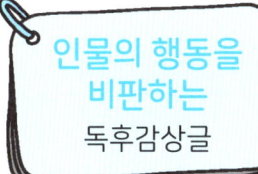
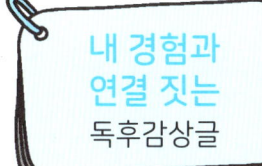
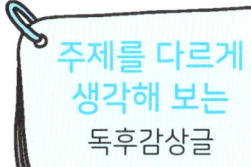

제목: _____

📖 네가 좋은 독후감상글을 뽑는 심사 위원이라고 해 볼까? 좋은 독후감상글이라고 할 수 있는 것에는 ○, 그렇지 않은 것에는 X로 표시해 줘.

좋은 독후감상글이란?

심사 위원

1. 줄거리를 가장 많이 쓴 글이야.

2. 책을 읽고 나서 움직인 내 마음과 생각을 담아.

3. 책 속 등장인물이 올바르지 않은 행동을 할 때 그것을 비판하면서 써도 좋아.

4. 책의 주제가 내 생각과 다르면 그것에 대해 써도 좋아.

5. 줄거리를 쓴 다음, 늘 '재미있었다.'로 마무리해.

6. 책을 읽고 나의 경험이 떠올랐다면 그것을 바탕으로 써도 좋아.

⑩ 인물의 행동을 비판하는 독후감상글을 스스로 써 봐요

책 속 등장인물의 행동이 올바른지 아닌지 생각하며 독후감상글 한 편을 써 볼까?

1 책을 잘 이해하며 읽어요

독후감상글을 잘 쓰려면 책을 읽을 때 내용부터 잘 이해해야 해.

📖 《흥부 놀부》 이야기를 알고 있지? 내용을 잘 이해하면서 다시 꼼꼼히 읽어 봐.

흥부 놀부

　오랜 옛날, 흥부와 놀부 형제가 살았어요. 동생인 흥부는 어릴 때부터 착했어요. 하지만 형인 놀부는 욕심이 많았지요.
　어느 날 부모님이 돌아가셨어요. 그러자 놀부는 부모님의 재산을 혼자 차지하고 흥부를 내쫓았어요. 흥부의 식구들까지 말이에요.
　"이놈들, 썩 나가라. 이곳에서 얼쩡거리지도 마!"
　하필이면 추운 겨울, 흥부네 가족은 빈털터리로 쫓겨났어요. 흥부네 가족은 길을 헤매다 낡은 오두막에서 살게 되었어요. 날은 춥고 배는 고파 무척 힘겨웠지요.
　"엄마, 배가 너무 고파요. 얼어 죽겠어요."
　아이들이 자꾸 보채자 아내가 말했어요.
　"여보, 큰집에 가서 찬밥이라도 좀 얻어 와야 하지 않겠어요?"
　망설이던 흥부는 결국 놀부를 찾아갔어요.
　"형님, 아이들이 배가 고파 힘들어합니다. 밥 좀 주세요."
　"감히 여기 와서 밥을 달라고 해? 줄 게 없으니 썩 물러가라!"
　놀부는 빗자루를 휘두르며 흥부를 내쫓았어요. 흥부가 또 찾아갔

을 때는 놀부 아내인 형수가 주걱으로 뺨까지 때렸어요.

봄이 되었어요. 흥부네 오두막 처마 밑에 제비가 찾아와 집을 지었지요. 그런데 어느 날 구렁이가 슬금슬금 제비 집으로 다가가지 뭐예요? 흥부는 긴 막대기로 구렁이를 쫓았어요. 하지만 새끼 제비가 놀라 땅에 떨어져 다리가 부러지고 말았어요.

"이런 가여워라."

흥부는 아내와 함께 새끼 제비의 다리를 천으로 싸매고 보살펴 주었어요. 덕분에 새끼 제비 다리는 다 나았어요. 가을이 되어 제비들은 따뜻한 강남으로 날아갔어요. 그리고 이듬해 봄, 제비가 다시 날아왔지요.

"어머나, 그 제비가 다시 왔구나."

제비는 부리에 물고 있던 것을 떨어뜨렸어요. 바로 박씨였어요. 흥부는 박씨를 담 밑에 심었답니다. 얼마 뒤 싹이 트고 자라더니 박 줄기가 지붕 위까지 올라갔어요. 그 뒤 박이 주렁주렁 열렸지요.

"아빠, 박이 정말 커요!"

흥부는 잘 익은 박을 하나 땄어요.

"톱질하세, 톱질하세, 박을 타서 맛있게 먹어 보세."

아내와 즐겁게 노래를 부르며 박을 타기 시작했어요. 마침내 박이 쩍 벌어졌어요. 그런데 벌어진 박 속에서 금은보화가 쏟아져 나오는 게 아니겠어요!

"세상에, 이런 일이 다 있나!"

흥부 가족은 기뻐서 폴짝폴짝 뛰었어요. 부자가 되었으니까요.

이 소식을 들은 놀부는 배가 아팠어요. 자기도 아내와 함께 제비 다리를 일부러 부러뜨렸지요. 그러고는 헝겊으로 감싸 주었어요.

"내가 너를 치료해 주었으니 박씨 하나 꼭 물어 오거라!"

이듬해 봄이 되었어요. 제비는 똑같이 박씨를 떨어뜨렸어요.

"오호, 우리도 부자가 되겠구나!"

놀부 부부는 박씨를 심고 기다렸어요. 싹이 트고, 쑥쑥 자라는 박을 볼 때마다 흐뭇해했지요.

가을이 되자 놀부는 제일 큰 박을 하나 탔어요.

"톱질하세, 톱질하세. 흥부처럼 부자 되게 톱질하세, 톱질하세."

곧 박이 쩍 벌어졌어요. 하지만 똥만 가득 차 있지 뭐예요!

"집 안이 온통 똥이 되었네. 이게 무슨 일이야?"

놀부 부부는 다른 박을 탔어요. 그랬더니 이번에는 도깨비들이 나와 방망이를 휘둘렀어요.

"에구머니나, 이게 뭐야! 사람 살려."

놀부 부부는 소리를 질렀어요. 그러자 흥부가 달려왔어요.

"형님, 무슨 일이에요?"

"박에서 똥하고 도깨비가 나와 이 모양 이 꼴이 되었구나."

도깨비들은 놀부 부부의 재산마저 몽땅 가져가 버렸지요.

"형님, 저희 집에 가서 같이 사세요."

"그동안 내가 지은 죄가 많았구나. 고맙다, 흥부야."

흥부와 놀부는 큰 집에서 같이 행복하게 살았어요. 놀부 부부도 착한 사람이 되었답니다.

📖 《흥부 놀부》를 읽었으면 질문에 대답해 봐. 1~6에 답한 문장들을 자연스럽게 이어서 쓰면 책 내용이 정리된 글 한 편이 될 거야.

1. 이 이야기 속 등장인물은 누구누구야?

2. 부모님이 돌아가시자 놀부가 한 행동은?

3. 쫓겨난 흥부는 왜 놀부를 찾아갔고, 어떻게 되었어?

4. 흥부는 어떻게 부자가 되었어?

5. 흥부가 부자가 된 걸 알고 놀부가 한 일은?

6. 이야기의 결말(마무리)은?

《흥부 놀부》 이야기 정리

인물의 행동을 비판하는 독후감상글 쓰기

📖 친구가 쓴 《흥부 놀부》 독후감상글을 읽고, 아래 질문에 대답해 봐.

욕심이 지나치면 자꾸 나쁜 일을 하게 된다

이주영

《흥부 놀부》는 어릴 때 읽은 동화다. 이번에 다시 읽으니 새롭게 보이는 게 있었다. 흥부는 아이를 많이 낳았지만 키울 능력은 좀 부족했다. 그래도 마음씨가 착해 연약한 동물까지 잘 챙겨 주었다.

반면 놀부는 부모님 재산을 독차지해서 부자가 되었으면서도 흥부를 돕지 않았다. 더 부자가 되려고 제비 다리까지 부러뜨렸다. 지나치게 욕심을 내다 보니 점점 더 나쁜 일을 저지르게 되었다. 욕심을 버리고 모두와 잘 지낼 때 더 행복하다는 것을 알면 좋겠다.

- 이 글을 쓴 친구는 놀부의 어떤 점을 비판했어?

- 너는 이 독후감상글을 쓴 친구의 의견을 어떻게 생각해?

함께 살펴보기

이 글은 흥부, 놀부의 모습과 행동에 대한 자기 생각을 담았어. 이처럼 이야기 속 등장인물을 살펴보고, 공감하는 행동을 밝히거나 바람직하지 못한 행동을 비판하는 것도 독후감상글을 쓰는 좋은 방법이야.

독후감상글

📖 아래 책 속 질문에 대답하며 인물의 행동을 비판하는 《흥부 놀부》 독후감상글을 써 봐.

책 제목	《흥부 놀부》	읽은 날	년 월 일
독후감상글 제목			

📖 글을 쓴 다음에는 다시 읽고, 어색하거나 잘못된 부분을 고치면 좋아. 87쪽에서 쓴 독후감상글을 고쳐 봐. 유리병 속 내용을 다 확인하고, 필요한 곳을 고쳤다면 빈칸에 표시해 줘.

살펴볼 글: 87 쪽   제목: _____

내 독후감상글 다시 읽기

- ✓ 글을 소리 내어 읽어 봐.
- ☐ 알아볼 수 없는 글씨가 있다면 다시 써 봐.
- ☐ 읽다가 멈추게 되는 어색한 부분이 있다면 고쳐 봐.
- ☐ 줄거리만 너무 많이 쓴 것은 아닌지 살펴봐.
- ☐ 등장인물의 행동을 비판할 때 그 이유를 적절히 들었는지 살펴봐.
- ☐ 좋아하는 사람에게 이 글을 보여 주고 소감을 들어.

11

내 경험과 연결 짓는
독후감상글을 스스로 써 봐요

책 속 이야기와 비슷한 내 경험을 떠올려 독후감상글 한 편을 써 볼까?

1 책을 잘 이해하며 읽어요

독후감상글을 잘 쓰려면 책을 읽을 때 내용부터 잘 이해해야 해.

📖 《미운 아기 오리》 이야기를 알고 있지? 내용을 잘 이해하면서 다시 꼼꼼히 읽어 봐.

미운 아기 오리

어느 연못가에 어미 오리가 있었어요. 아기 오리가 태어나길 기다리며 정성스럽게 알을 품고 있었지요. 드디어 알이 하나둘씩 깨지기 시작했어요. 아기 오리들이 고개를 쏙 내밀었어요.

"드디어 나오는구나."

어미 오리는 행복했어요. 그런데 큰 알 하나가 끝까지 깨지지 않은 채 그대로 있었어요. 어미 오리는 걱정을 했어요.

"이상한 알인 것 같은데, 그냥 갖다 버리면 어때요?"

다른 오리들이 말했어요. 그래도 어미 오리는 알을 품었지요. 그러자 마침내 큰 알에서도 아기 오리가 나왔어요.

"꽥꽥꽥!"

그런데 이 아기 오리는 몸이 유달리 컸어요. 못생기기까지 했고요. 주변 오리들이 다시 수군거렸어요.

"정말 못생겼네. 헤엄도 못 칠 것 같아."

어미 오리는 아기 오리들을 연못에 데려가 헤엄을 치게 했어요. 하지만 다른 아기 오리들은 이 미운 아기 오리와 있는 걸 싫어했어요.

"같이 다니기 싫어. 우리도 같이 놀림받는 것 같잖아."

아기 오리들은 미운 아기 오리를 쪼아대며 못살게 굴었어요. 어미 오리는 미운 아기 오리를 볼 때마다 속상했어요.

"이 아이는 다른 곳에 가서 살아야 더 행복하지 않을까?"

이 말을 들은 미운 아기 오리는 속상했어요. 엄마마저 자기를 싫어한다고 생각하니 눈물이 났어요. 결국 집을 나가기로 했어요.

★

길을 나선 미운 아기 오리는 아기 참새들을 만났어요. 친구가 되고 싶었지만 참새들은 도망가 버렸지요. 다음에는 물오리를 만났어요.

"나하고 친구 할래?"

용기 내어 말했지만 물오리는 외면했어요. 미운 아기 오리는 더 움츠러들었어요. 지칠 대로 지친 미운 아기 오리는 어느 숲의 작은 집 앞에 도착했어요. 마침 그 집에서 누군가가 나왔어요.

"아이고, 불쌍해라. 들어와서 뭐라도 좀 먹자."

집주인 할머니는 미운 아기 오리를 반갑게 맞이해 주었어요. 같이 살면 어떻겠냐고도 했지요. 그런데 이 집에 사는 고양이와 닭이 또 못되게 굴었어요.

"얘는 어디서 왔는데 이렇게 못생겼지? 너는 쥐도 못 잡지?"

"알도 못 낳을 것 같은데?"

★

미운 아기 오리는 다시 떠날 수밖에 없었어요. 한참을 가다가 어느 호수에 다다랐어요. 호수에는 하얗고 목이 긴 새들이 날아다니고 있었지요.

"와, 정말 예쁘구나."

바로 백조였어요. 부러워서 바라보던 미운 아기 오리는 헤엄을 치고 싶다는 생각이 들었어요. 그래서 호수에 뛰어들었어요. 하지만 마침 그때 호수 물이 얼기 시작해 몸을 다치고 말았어요.

한 나무꾼이 미운 아기 오리를 보고 집으로 데려와 치료해 주었어요. 그런데 나무꾼의 아이들이 또 괴롭히지 뭐예요? 놀라 도망치는 미운 아기 오리 때문에 집이 엉망이 되었어요. 나무꾼의 아내는 화가 나서 미운 아기 오리를 내쫓았지요. 다시 혼자가 된 미운 아기 오리는 쓸쓸히 겨울을 지냈어요.

시간이 지나고 봄이 왔어요. 여기저기서 꽃이 피어났어요. 미운 아기 오리는 호수에서 헤엄을 치고 싶다는 생각이 들었어요. 그리고 날개를 펼쳐 움직여 보았지요. 그러자 몸이 날아오르는 거예요! 계속 날갯짓을 하자 하늘 높이 더 올라갔어요. 아래로는 멋진 경치가 보였어요.

지난해 보았던 아름다운 백조들이 하나둘 호수에 내려앉는 것도 보였지요. 미운 아기 오리는 다가가고 싶었지만 놀림을 받을까 봐 걱정했어요. 그런데 백조들이 먼저 부르는 게 아니겠어요?

"이리 와, 우리랑 같이 있자."

그 순간 미운 아기 오리는 물에 비친 자신의 모습을 보았어요.

"내 모습이 저 백조들과 똑같네!"

미운 아기 오리는 백조였던 거예요. 미운 아기 오리는 행복했어요. 들판과 호수가 참 아름다워 보였어요.

📖 《미운 아기 오리》를 읽었으면 질문에 대답해 봐. 1~5에 답한 문장들을 자연스럽게 이어서 쓰면 책 내용이 정리된 글 한 편이 될 거야.

1. 미운 아기 오리는 태어날 때 다른 아기 오리들과 어떻게 달랐어?

2. 미운 아기 오리가 태어나자 주변 오리들이 뭐라고 수군거렸어?

3. 미운 아기 오리가 집을 나가기 전까지 어떤 어려움이 있었어?

4. 집을 나간 다음에는 어떤 어려움이 있었어?

5. 이야기의 결말(마무리)은?

《미운 아기 오리》 이야기 정리

내 경험과 연결 짓는 독후감상글 쓰기

📖 친구가 쓴 《미운 아기 오리》 독후감상글을 읽고, 아래 질문에 대답해 봐.

내 모습 그대로를 사랑하기

이지수

주인공 미운 아기 오리는 태어나자마자 못생겼다는 놀림을 받았다. 그래서 집을 떠나서 혼자 쓸쓸하게 지냈다. 다 커서야 자기가 백조였다는 것을 알고 행복해졌다.

나도 놀림을 받아 자신감이 없을 때가 있었다. 친구들이 내 키가 너무 작다고 놀렸기 때문이다. 친구들과 길을 가면 사람들이 동생이냐고 묻기도 했다. 자꾸만 그런 말을 들으니 자신감이 많이 떨어졌다.

엄마는 앞으로 키가 더 클 거라고 했지만 아직은 친구들 중 내가 가장 작다. 하지만 나에게는 다른 멋진 구석이 많다. 그냥 내 모습 그대로를 사랑하기로 했다. 그러면 행복할 수 있을 것 같다.

• 이 글을 쓴 친구는 다른 친구들에게 어떤 놀림을 받았어?

_____

• 이 친구는 행복하기 위해 어떤 마음을 갖기로 했어?

_____

함께 살펴보기

이 글은 《미운 아기 오리》를 읽고 나서 떠오른 자기의 경험을 담았어. 그러고 나서 내 모습 그대로를 사랑하기로 마음먹었다는 생각을 밝혔지. 이처럼 **책을 읽고 떠오른 비슷한 내 경험을 정리하면 나만의 생각이 담긴 좋은 독후감상글**이 돼.

독후감상글

📖 아래 책 속 질문에 대답하며 내 경험과 연결 짓는 《미운 아기 오리》 독후감상글을 써 봐.

- 책 제목과 내용을 간단하게만 써 봐.
- 미운 아기 오리처럼 놀림받은 경험이 있다면 말해 봐.
- 스스로 단점이라고 여기는 것이나 자신감이 떨어졌던 경험을 말해 봐.
- 앞에서 말한 것들을 긍정적으로 받아들이는 방법은?

책 제목	《미운 아기 오리》	읽은 날	년 월 일
독후감상글 제목			

📖 글을 쓴 다음에는 다시 읽고, 어색하거나 잘못된 부분을 고치면 좋아. 95쪽에서 쓴 독후감상글을 고쳐 봐. 노트 속 내용을 다 확인하고, 필요한 곳을 고쳤다면 빈칸에 표시해 줘.

살펴볼 글: 95 쪽   제목:

12

주제를 다르게 생각해 보는
독후감상글을
스스로 써 봐요

책이 말하는 주제에 동의하지 않는다면 다르게 생각해서 독후감상글 한 편을 써 볼까?

1 책을 잘 이해하며 읽어요

독후감상글을 잘 쓰려면 책을 읽을 때 내용부터 잘 이해해야 해.

《마을을 지킨 나무》라는 동화야. 내용을 잘 이해하면서 꼼꼼히 읽어 봐.

마을을 지킨 나무

　한적한 마을에 나무 한 그루가 있었습니다. 몇 년을 자랐는지 모르는 이 오래된 나무는 손을 뻗어 안으면 한 아름에 들어오지 않을 만큼 컸어요.
　나무는 계절마다 아름답게 변했습니다. 봄에는 예쁜 꽃을 피웠고, 여름에는 푸르른 잎을 반짝였지요. 가을이 되면 잎이 노랗게 물들었고, 겨울에는 이불 같은 하얀 눈을 덮고 서 있었습니다. 마을 사람들은 아름다운 나무를 보며 행복해했어요.

　나무는 아이들이 오면 그늘에서 놀게 해 주었습니다. 가지에 그네를 달아서 타면 좀 아팠지만 아이들의 웃음에 힘든 것도 잊었어요.
　어느 날은 소년 소녀들이 몰려와 잎사귀를 마구 떼었습니다. 잎사귀로 배를 만들어 연못에 띄우느라고요. 나무는 자신의 잎이 배가 되는 것을 신기하게 바라보았습니다.
　한 여인이 찾아온 날도 있었습니다. 여인은 가난해서 아기에게 먹일 것이 없다며 사과를 따 갔습니다. 다음 날도, 그다음 날도 사과

98

를 많이도 따 갔지요.

　시간은 잘도 흘러 다시 무더운 여름이 되었습니다. 아이들은 냇가로, 바다로 놀러 나가서 나무 곁에는 잘 오지 않았습니다. 나무는 외로웠습니다. 아이들이 다시 오길 기다리며 가끔씩 불어오는 바람을 벗 삼아 그 자리를 꿋꿋이 지켰습니다.

☆

　그러던 어느 날 마을에 비가 세차게 쏟아졌습니다. 사람들은 집에서 나오지 않았어요. 강한 비바람에 쓰러지는 나무도 있었지요.

　나무는 걱정이 되었습니다. 지난해 여름에도 강한 비가 계속되어 마을에 홍수가 났거든요. 나무는 뿌리에 힘을 주었습니다. 그리고 최대한 물을 빨아들였어요. 한껏 머금고 있느라 서 있기조차 힘들었지만 온 힘을 다해 마을을 지켰습니다.

　다행히 홍수가 나지 않고 비가 그쳤습니다. 사람들은 다시 밖으로 나왔어요. 아이들은 신나게 뛰어놀았고요. 그러나 표정이 밝지 않은 사람도 있었습니다. 어느 노인이 나무에게 다가왔습니다.

　"이번 비에 우리 집 지붕이 무너지고 말았어요. 미안하지만 줄기를 나에게 줄 수 없을까요? 당장 지붕을 고치지 않으면 안 되거든요. 아내도 아파 집에 누워 있어 긱징이 이민지만이 이니에요."

　나무는 고민했습니다. 나무줄기를 준다는 것은 자신의 모든 것을 내어 주는 셈이었으니까요. 그러나 노인의 사정이 딱했습니다.

　"네, 그렇게 하세요. 제가 마을에서 가장 큰 나무이니 제 줄기를 베어 가야 튼튼한 지붕을 만들 수 있을 겁니다."

☆

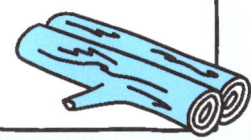

　마을 사람들이 도끼를 가지고 하나둘 왔습니다. 그러고는 나무에 도끼질을 시작했지요. 사람들의 얼굴에 땀이 비 오듯 쏟아질 즈음 나무는 푹 쓰러졌습니다. 마을 사람들은 힘없는 노인 대신 나무줄기를 자르고 엮어 지붕을 만들었습니다. 지붕을 올리고 나니 살 만한 집이 되었습니다.

　밑동만 남은 나무는 모든 것을 흐뭇하게 지켜보았습니다. 그러나 마음 한 켠이 허전했습니다. 더 이상 푸른 잎을 팔랑거릴 수도, 열매를 맺을 수도 없게 되었으니까요. 하지만 나무를 위로해 주는 것이 있었습니다. 다시금 찾아와 밑동에 앉아 두런두런 이야기를 나누는 마을 사람들이었지요.

　"이 나무 덕분에 우리는 항상 행복했어."

　"맞아, 이 나무가 우뚝 서서 마을을 지켜 주니 얼마나 든든한지."

　"줄기마저 노인에게 내어 주고 밑동만 남아 안쓰럽네."

　나무는 웃었어요. 사람들이 자신을 기억해 주어 감사했습니다.

　'누군가에게 나의 것을 줄 수 있다는 것은 행복한 일이었어. 희생은 아름다운 거야.'

　또 한 계절이 지났습니다. 누군가 못을 들고 뚜벅뚜벅 걸어왔습니다. 그리고 밑동 앞에 이런 글을 새기기 시작했습니다.

　'우리 마을을 지켜 준 소중한 나무, 희생에 감사하며 영원히 기억하겠습니다.'

　나무는 미소를 지으며 가만히 눈을 감았습니다.

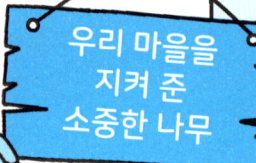

📖 《마을을 지킨 나무》를 읽었으면 질문에 대답해 봐. 1~7에 답한 문장들을 자연스럽게 이어서 쓰면 책 내용이 정리된 글 한 편이 될 거야.

1. 마을에 어떤 모습의 나무가 있었어?

2. 소년 소녀들이 나무에게 와서 무엇을 했어?

3. 여인은 나무에게 와서 무엇을 했어?

4. 비가 세차게 내린 날 나무는 무엇을 했어?

5. 비가 그치고 나서 나무에게 어떤 일이 있었어?

6. 사람들은 나무를 어떻게 기억했어?

7. 나무는 자신의 희생을 어떻게 생각했어?

《마을을 지킨 나무》 이야기 정리

주제를 다르게 생각해 보는 독후감상글 쓰기

📖 친구가 쓴 《마을을 지킨 나무》 독후감상글을 읽고, 아래 질문에 대답해 봐.

모든 것을 잃은 불쌍한 나무

정소정

　마을에 큰 나무가 있었다. 나무는 계절마다 아름답게 변하면서 마을 사람들을 행복하게 해 주었다. 뿐만 아니라 사람들에게 잎사귀, 열매, 줄기까지 내주었다. 결국 밑동만 남았지만 그래도 행복했다.
　사람들도 나무의 희생을 고마워했다. 하지만 나는 그렇게 희생만 하는 게 꼭 좋은 것인가 싶다. 사람들이 알아주긴 했어도 결국 나무는 자신의 모든 것을 잃었기 때문이다.
　다른 건 몰라도 나무의 줄기까지 베어 간 건 너무했다. 노인의 집 지붕은 다른 것으로 만들 수도 있지 않았을까? 나무가 너무 불쌍하다. 나는 자신부터 소중히 지키면서 남도 도울 수 있는 사람이 되고 싶다.

• 이 글을 쓴 친구가 책을 읽고 든 가장 중요한 생각은 뭐야?

_____

• 너는 이 친구의 생각에 동의해? 아니면 동의하지 않아? 이유를 들어 말해 봐.

_____

함께 살펴보기

남을 위하는 행동은 아름답고 좋은 일이야. 《마을을 지킨 나무》도 희생을 아름답게 그리고 있지. 그런데 이 글은 나무처럼 자신의 모든 것을 잃으면서 무조건 희생하는 게 과연 좋은 것인지 되묻고 있어. 이렇게 <u>책의 주제와는 다른 내 생각과 그 이유를 담는 것</u>도 <u>독후감상글</u>을 쓰는 좋은 방법이야.

독후감상글

📖 아래 책 속 질문에 대답하며 주제를 다르게 생각해 보는 《마을을 지킨 나무》 독후감상글을 써 봐.

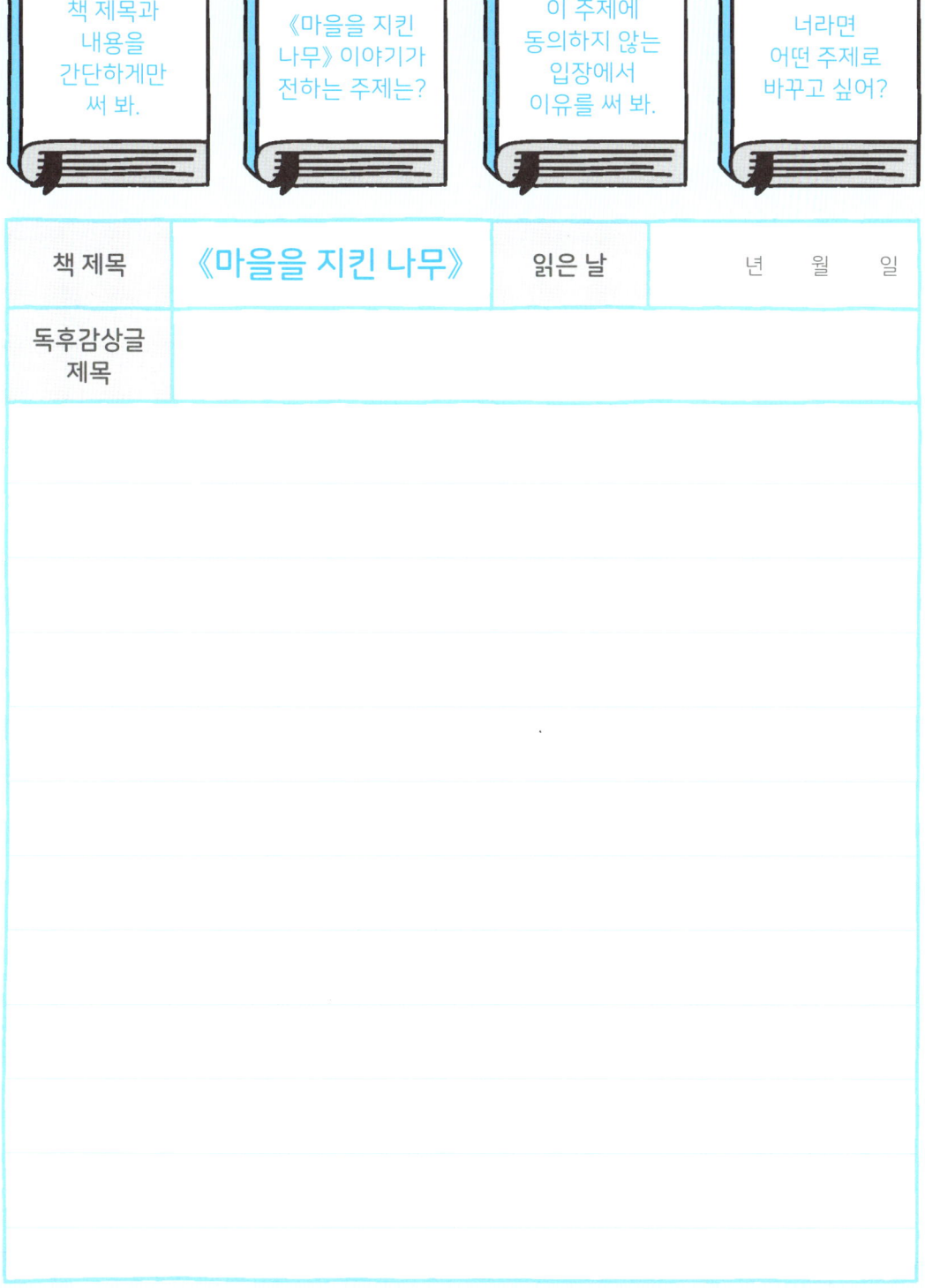

책 제목	《마을을 지킨 나무》	읽은 날	년 월 일
독후감상글 제목			

📖 글을 쓴 다음에는 다시 읽고, 어색하거나 잘못된 부분을 고치면 좋아. 103쪽에서 쓴 독후감상글을 고쳐 봐. 책 속 내용을 다 확인하고, 필요한 곳을 고쳤다면 빈칸에 표시해 줘.

살펴볼 글: 103 쪽   제목:

13. 글감 하나로 여러 종류 글쓰기를 해요

한 가지 글감을 가지고 상상글, 설명글 생활글, 주장글까지 갈래 글을 각각 써 볼까?

1 한 가지 글감으로 갈래별 글쓰기

지금까지 상상글, 설명글, 생활글, 주장글 등 여러 가지 '글의 종류(글의 갈래)'를 배웠어. 이제 글감 하나를 가지고 지금까지 배운 여러 갈래 글을 써 보자.

편의점 가 보았지? 자주 가는 곳이라서 재미있는 글쓰기를 할 수 있을 거야. '편의점'이라는 하나의 글감으로 아래처럼 여러 종류의 글을 쓸 수 있어.

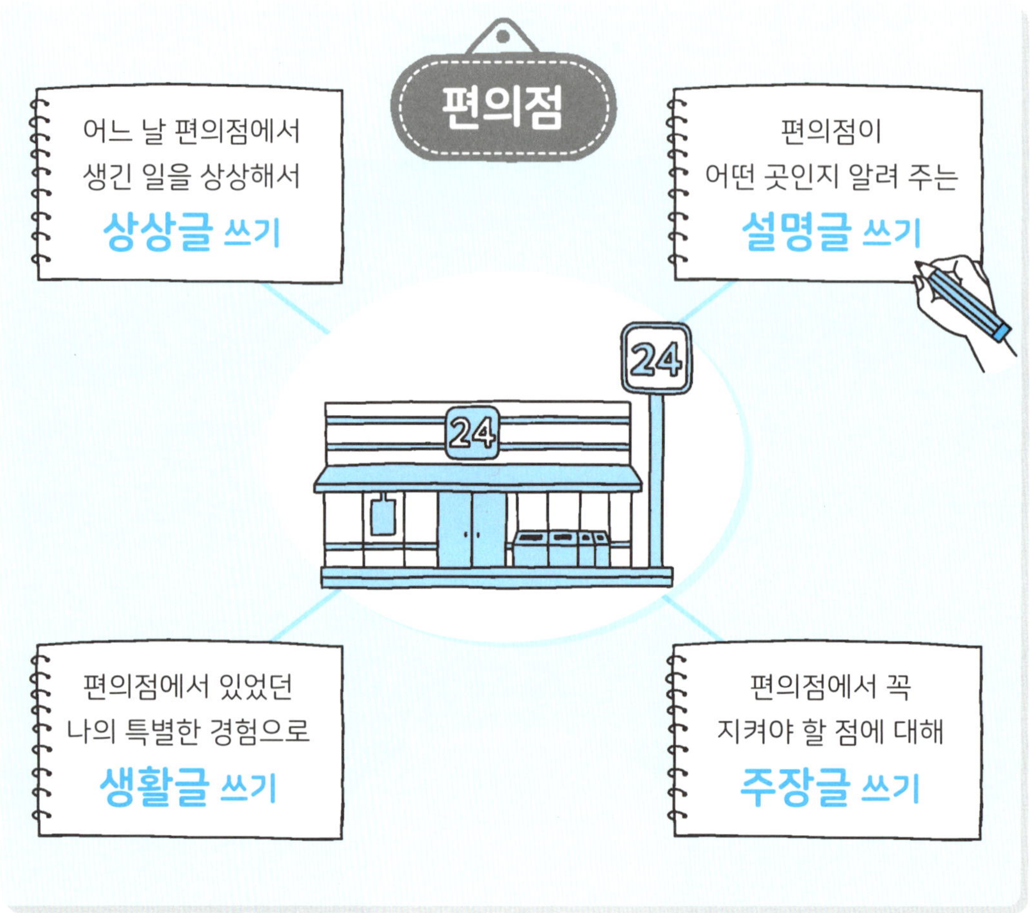

편의점

- 어느 날 편의점에서 생긴 일을 상상해서 **상상글 쓰기**
- 편의점이 어떤 곳인지 알려 주는 **설명글 쓰기**
- 편의점에서 있었던 나의 특별한 경험으로 **생활글 쓰기**
- 편의점에서 꼭 지켜야 할 점에 대해 **주장글 쓰기**

이처럼 한 가지 글감이라도 어떤 목적으로 쓰이느냐에 따라 여러 종류의 글이 될 수 있어. 모두 쓰고 비교하면 어떻게 다른지 잘 보이겠지? 함께 써 보자.

글감: **편의점**

⭐ 편의점에서 친구와 하룻밤 보낸다면 무엇을 할지 상상을 해서 상상글을 써. 누구와 함께 할까? 무엇을 하며 보낼까? 아래 질문에 대답해 봐. 그리고 답을 모아 10문장 이상 상상글을 완성해.

상상글 쓰기

제목: _____

- 편의점에서 친구와 하룻밤을 보낸다면 누구와 보낼까?
- 편의점에서 가장 먼저 하고 싶은 일은?
- 편의점에서 가장 신기한 물건은?
- 마음껏 먹을 수 있다면 먹고 싶은 것은?
- 마음대로 물건을 진열할 수 있다면 진열할 물건은?
- 더 초대하고 싶은 사람은? 같이 할 일은?

💬 쓰다가 더 생각나는 게 있으면 더 쓰고, 빼고 싶은 게 있으면 빼고 써도 돼.

글감: **편의점**

★ 네가 가 본 편의점을 떠올려서 편의점이 어떤 곳인지 설명글을 써. 편의점 이름은 뭐였어? 어떤 물건들이 있었어? 아래 질문에 대답해 봐. 그리고 답을 모아 10문장 이상 설명글을 완성해.

설명글 쓰기

제목: _____

설명하고 싶은 편의점 이름은?

그 편의점의 크기는?

그 편의점에서 파는 물건은?

편의점의 점원이 하는 일은?

물건을 파는 것 말고 편의점에서 또 하는 일은?

다른 편의점과 구분되는 그 편의점의 특징은?

글감: **편의점**

★ 편의점에서 있었던 너의 경험을 생활글로 써. 편의점에 왜 갔어? 거기서 있었던 기억할 만한 일은 뭐야? 아래 질문에 대답해 봐. 그리고 답을 모아 10문장 이상 생활글을 완성해.

생활글 쓰기

제목 : _____

- 어떤 편의점에 갔어?
- 무엇을 사러(하러) 누구와 갔어?
- 편의점에는 누가 있었어?
- 편의점에서 있었던 기억할 만한 일은?
- 그 일이 있고 나서 어떤 마음이 들었어?
- 마지막으로 더 할 말은?

글감: **편의점**

★ 편의점을 이용하는 사람들에게 주장하고 싶은 것을 주장글로 써. 사장이나 점원, 손님에게 꼭 하고 싶은 말이 있어? 아래 질문에 대답해 봐. 그리고 답을 모아 10문장 이상 주장글을 완성해.

주장글 쓰기

제목: _____

- 편의점 사장이나 점원, 손님에게 주장하고 싶은 것은?
- 그 주장을 하는 첫 번째 이유는?
- 두 번째 이유는?
- 세 번째 이유는? (또는 그 주장이 잘 실현되는 방법은?)
- 네 주장대로 되면 어떤 점이 좋아질 것 같아?
- 마지막으로 네 주장을 한 번 더 강조해 봐.

갈래별 글쓰기를 한 번 더 연습해 보자. 라면 좋아해? 많은 사람들이 라면을 즐겨 먹으니까 공감하는 글쓰기를 할 수 있을 거야. '라면'이라는 하나의 글감으로 아래처럼 여러 종류의 글을 쓸 수 있어.

한 가지 글감이라도 전하고 싶은 내용이 무엇이냐에 따라 여러 종류의 글에 담을 수 있어. 앞에서 배운 상상글, 설명글, 생활글, 주장글에서 각각 지켜야 할 것들을 생각하며 써 봐. 모두 쓰고 비교해 보면 서로 어떻게 다른지 잘 보이겠지?

글감: **라면**

⭐ 세상에 없었던 라면을 새로 개발한다는 상상을 해서 상상글을 써. 어떤 라면을 개발하고 싶어? 새 라면의 특징은 뭐야? 아래 질문에 대답해 봐. 그리고 답을 모아 10문장 이상 상상글을 완성해.

상상글 쓰기

제목: _____

- 새로 개발한 라면은 어떤 사람을 위해 만들었어? (누가 먹으면 좋아?)
- 새로 개발한 라면의 가장 큰 특징이 뭐야?
- 면과 국물 등은 어떤 맛이야?
- 어떻게 조리하면 가장 맛있어?
- 언제, 어디서 먹으면 가장 좋을까?
- 그 밖에 이 라면의 장점은?

글감: **라면**

★ 라면을 맛있게 끓이는 법을 설명하는 설명글을 써. 네가 아는 방법은 뭐야(라면 봉지에 적힌 방법을 참고해도 돼.)? 아래 질문에 대답해 봐. 그리고 답을 모아 10문장 이상 설명글을 완성해.

설명글 쓰기

제목:

맛있게 끓이려면 어떤 준비물이 필요해?

끓이는 방법을 순서대로 설명해 줘.

맛있게 하기 위해 더 넣어야 할 재료는?

맛있게 하기 위해 주의해야 할 점은?

담는 그릇이나 먹는 시간 등 라면 맛에 더 영향을 주는 것은?

그 밖에 더 설명해 주고 싶은 것은?

글감: **라면**

네가 가장 맛있게 먹었던 라면에 대한 기억을 떠올려서 생활글을 써. 어떤 라면이었어? 언제, 누구와 먹었어? 아래 질문에 대답해 봐. 그리고 답을 모아 10문장 이상 생활글을 완성해.

생활글 쓰기

제목: _____

- 누구와 어디에서 먹은 라면이야?
- 어떤 종류의 라면이었어?
- 라면과 같이 먹은 음식은?
- 그 라면이 가장 맛있었던 이유는?
- 다음에도 또 먹고 싶어?
- 그 밖에 더 하고 싶은 말은?

글감: **라면**

★ 컵라면과 봉지라면 중 어떤 것을 선택해서 먹는 게 좋아? 네 의견으로 다른 사람을 설득하는 주장글을 써. 아래 질문에 대답해 봐. 그리고 답을 모아 10문장 이상 주장글을 완성해.

주장글 쓰기

제목: _____

- 컵라면과 봉지라면 중 선택해야 할 라면은?
- 그 주장을 하는 (그런 의견을 내는) 첫 번째 이유는?
- 두 번째 이유는?
- 선택하지 않은 라면의 단점은?
- 그건 어떻게 극복하면 좋을까?
- 마지막으로 네 주장을 한 번 더 강조해 봐.

⭐ 글을 쓴 다음에는 다시 읽고, 어색하거나 잘못된 부분을 고치면 좋아. 이번 장에서 쓴 여러 종류의 글(갈래 글) 중 한 편을 골라 고쳐 봐. 깃발 속 내용을 다 확인하고, 필요한 곳을 고쳤다면 빈칸에 표시해 줘.

살펴볼 글: _____ 쪽   제목: _____

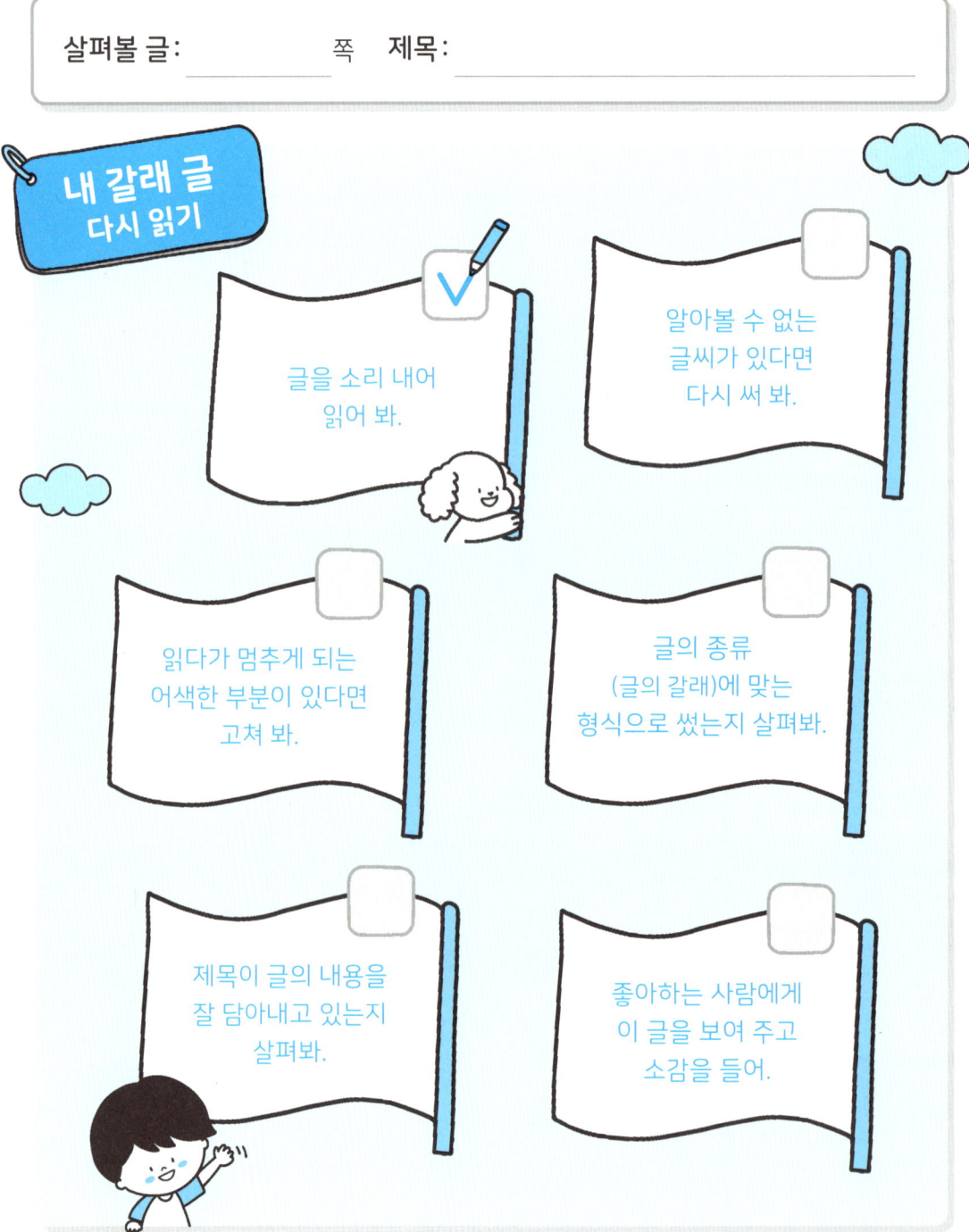

내 갈래 글 다시 읽기

- 글을 소리 내어 읽어 봐.
- 알아볼 수 없는 글씨가 있다면 다시 써 봐.
- 읽다가 멈추게 되는 어색한 부분이 있다면 고쳐 봐.
- 글의 종류(글의 갈래)에 맞는 형식으로 썼는지 살펴봐.
- 제목이 글의 내용을 잘 담아내고 있는지 살펴봐.
- 좋아하는 사람에게 이 글을 보여 주고 소감을 들어.

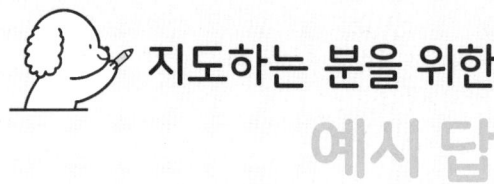

지도하는 분을 위한
예시 답

오현선 선생님의 지도 팁

예시 답은 책 속 활동에 대해 지도하는 분의 이해를 돕기 위한 것입니다. 명확히 답이 있는 것은 예시 답을 보고 확인해 주세요. 만약 틀렸다면 한 번 더 설명해 주세요. 명확한 답이 없거나 조금씩 다르게 쓸 수 있는 것은 예시 답의 내용을 참고만 해 주세요. 이 책은 다섯 가지 종류의 글을 쓸 수 있도록 합니다. 책에 나온 설명을 바탕으로 어린이가 한 편의 글을 완성하면 돼요. 어린이 글에 정해진 답은 없습니다. 지나치게 짧게 쓴 경우에만 좀 더 자세히 쓰게 해 주시고, 다 썼다면 읽어 보고 진솔한 소감을 나누어 주세요.

지도하는 분을 위한 예시 답

시작전 5쪽

*참고용 예시 답이에요. 내 이야기를 담아 스스로 써 봐요.

상상글 길을 가는데 고양이가 나를 불렀어. 벤치에 앉으라고 하더니 고양이 댄스를 가르쳐 주는 거야. 나도 곧 따라 추었지.

설명글 나는 지수야. 초등학교에 다니고 있고, 아이돌 춤을 추는 걸 좋아해. 댄스 대회에서 상을 타기도 했어.

생활글 댄스 대회에 나갔다. 부끄러워서 처음에는 안 나가려고 했지만 마음을 바꾸었다. 떨려도 무대에 서는 연습을 해 보고 싶어서였다.

주장글 초등학생은 취미가 필요하다. 취미가 있으면 공부 스트레스를 풀 수 있다. 내 취미는 춤인데, 춤을 추면 재미있고 건강에도 좋다.

독후감상글 《댄스》라는 책의 주인공은 슬플 때 춤을 춘다. 나도 그런 적이 있다. 주인공처럼 마음이 힘들 때 춤을 추니 땀이 나면서 웃음도 났다.

1장

9쪽

1. 상상
2. 없는
4. 따옴표

2장

16쪽

*참고용 예시 댓글이에요. 내 소감을 댓글로 달아 봐요.
↳ 침대 밑에 물건이 들어갔을 때에도 꼬리를 넣어서 빼면 좋겠어요.

17쪽

*참고용 예시 답이에요. 흐름만 맞게 쓰면 돼요.

1. 꼬리가 생겼다.
2. 처음에는 놀랐지만 곧 잘 써 보기로 마음먹었다.
3. 꼬리에 실내화 가방을 달았다.
4. 나를 자주 놀리던 경진이의 등을 간지럽혔다.
5. 꼬리가 사라지지 않고 계속 있으면 좋겠다고 생각했다.

21쪽

1. 학교 도서관에서 책을 빌려 오라고 했다.
2. 불이 꺼지고 문이 닫히며 도서관에 갇혔다. 책들이 날며 말을 걸고, 이야기를 들려주었다.
3. 책들이 들려주는 이야기의 재미에 푹 빠져 시간 가는 줄도 몰랐다.
4. 이야기를 들려주던 책들과 놀던 시간이 그리웠기 때문이다.
5. 전에는 책을 싫어했는데 이제는 책을 좋아하게 되었다.

3장

27쪽

1. 알려 주는
2. 쉬운
3. 느낌

28쪽

❷ 내 동생

동생을 보며 드는 내 마음이 아니라 동생의 생김새와 성격 같은 사실을 썼다.

*이유는 예시 답이에요. 내 생각대로 쓰고 함께 살펴보기 를 읽어 봐요.

29쪽

① 나의 하루

아침, 오후(학교가 끝난 뒤), 저녁이 어떻게 바쁜지 자세히 썼다.

30쪽

② 우리 학교 급식

급식 메뉴를 정확하게 알고 썼다.

32쪽

1. X 2. ○ 3. ○ 4. X 5. ○ 6. X

4장

34쪽

* 참고용 예시 댓글이에요. 내 소감을 댓글로 달아 봐요.
↳ 아빠가 먹으려고 끓인 라면을 빼앗아 먹어도 꿀맛이에요!

35쪽

1.

> **라면을 맛있게 먹는 법**
> 김성준
>
> ★ 나는 라면을 맛있게 먹는 법을 알고 있다. 우선 밤에 먹어야 맛있다. 밤 9시쯤 숙제를 끝내고 엄마한테 끓여 달라고 한다.
> ★ 라면을 끓이는 동안 냄새에 취한다. 그래야 라면이 더 맛있게 느껴질 것이다. 냄새로 어떤 라면인지 맞혀 보는 것도 좋은 방법이다.
> ★ 라면이 다 되면 얼른 달려간다. 자리에 앉자마자 바로 후루룩 먹는다. 아무에게도 주지 말고 혼자 먹어야 가장 맛있다.
> ★ 마지막으로 정말 맛있게 먹는 법은 파김치를 하나 집어 들고 라면과 같이 돌돌 말아 입으로 쏙 집어넣는 것이다. 두 가지 맛이 섞이면서 최고의 맛이 된다.
> ★ 꼭 이렇게 라면을 먹어 보길 바란다. 후회하지 않을 것이다.

2. 5문단

3. 라면을 맛있게 먹는 법을 알려 주는 글이다.

4. 냄새로 어떤 라면인지 맞혀 보는 것도 좋은 방법이다. / 아무에게도 주지 말고 혼자 먹어야 가장 맛있다. / 파김치를 하나 집어 들고 라면과 같이 돌돌 말아 입으로 쏙 집어넣는 것이다.

* 예시 답이에요. 내가 새로 알게 된 부분에 밑줄을 그어 봐요.

5. 이 방법으로 꼭 먹어 보라고 당부했다.

5장

43쪽

1 살아가는
2 기록
3 잊지 못할

44쪽

② 생일 파티

무슨 선물을 받고 뭘 먹었는지 생일 파티 모습을 자세히 알 수 있다.

45쪽

① 지각

벚꽃과 놀아서 재밌었던 한 가지 일만 담아서 무슨 말을 하려는지 알기 쉽다.

46쪽

② 벌써 그리운 할머니

대화 글이 있어서 생생하고 제목도 글 내용을 잘 표현했다.

48쪽

1. X 2. ○ 3. ○ 4. ○ 5. X 6. ○

지도하는 분을 위한 예시 답

6장

51쪽

1. 12문장
2.

   다툼

   김지우

   ★ 놀이터에서 그네를 타고 있었다. 그런데 준영이가 어디선가 갑자기 나타나서는 나한테 내리라고 했다. 나는 싫다고 했다. 그러자 준영이가 내가 탄 그네를 확 밀었다. 그네가 너무 높이 올라가서 깜짝 놀랐다.
   ★ "야, 왜 그래?"
   ★ "그러니까 내리라고 했잖아."
   ★ 나는 어쩔 수 없이 내렸다. 그리고 집으로 왔다. 오는 내내 분한 마음이 가시지 않았다. 창문으로 내려다보니 준영이가 신나게 그네를 타고 있었다. 머리를 써서 내일 복수해야겠다.

3. 놀이터에서 지우가 타던 그네를 준영이에게 빼앗긴 일에 대해 썼다.
4. 준영이한테 억지로 그네를 빼앗겨서 분하고 억울했다.
5. 그네를 타도 되냐고 먼저 물어봐 달라고 말했을 것 같다.
   * 예시 답이에요. 내 생각대로 써 봐요.
6. 그네를 빼앗긴 날 / 그네 도둑 등
   * 예시예요. 내 생각대로 지어 봐요.

7장

59쪽

① 주장
② 설득
③ 근거
④ 합리

60쪽

② 쉬는 시간에 떠들지 말자
쉬는 시간이라도 너무 떠들지는 말자는 자신의 주장을 분명히 담았다.

61쪽

② 책을 많이 읽어야 한다
초등학생이 왜 책을 많이 읽어야 하는지 2가지 근거를 들어서 썼다.

62쪽

① 초등학생은 운동을 매일 해야 한다
글 ②에서 숙제를 빼먹을 수 있다는 근거는 적절하지 않다.

64쪽

1. ○ 2. ○ 3. X 4. ○ 5. ○ 6. X

8장

67쪽

1. 5문단
2. 사람을 비교하지 말자고 주장한다.
3. 수학을 더 잘하기를 바란다.
4. 3가지(* 속상해지는 것, 잘하는 일을 하찮게 생각하게 되는 것, 아빠가 미워지려고 하는 것으로 3가지를 근거로 들고 있어요.)
5. **첫 번째 근거** 비교를 당하면 속상하다. 마음에서 무언가 요동치는 것 같다. 울고 싶기도 하다.
   두 번째 근거 비교를 당하면 내가 잘하는 것도 하찮게 생각하게 된다.
   세 번째 근거 밥 먹을 때도 그러시니까 같이 먹는 게 부담스럽다. 아빠가 미워질까 봐 걱정된다.

9장

75쪽

1. 마음, 생각
2. 줄거리
3. 경험
4. 등장인물

76쪽

- 줄거리
- 다른 책의 독후감상글에도 쓸 수 있다.

78쪽

③
②
①

80쪽

1. X 2. ○ 3. ○ 4. ○ 5. X 6. ○

10장

85쪽

1. 이 이야기에는 흥부와 놀부라는 두 형제와 그 아내, 흥부네 아이들과 제비가 나온다.
2. 부모님이 돌아가시자 형 놀부는 재산을 차지하고 동생 흥부를 내쫓았다.
3. 흥부는 배고픈 아이들을 위해 밥을 얻으려 놀부를 찾아갔지만 쫓겨났다.
4. 흥부가 다리가 부러진 제비를 돌보아 주었더니 나중에 제비가 박씨를 물어 왔다. 박씨를 심어 자라난 박에서 금은보화가 나와 부자가 되었다.
5. 놀부는 제비 다리를 일부러 부러뜨려 돌보아 주고는 제비에게 똑같이 박씨를 받아서 심었다.
6. 놀부의 박에서는 똥과 도깨비가 나왔고, 결국 놀부 부부는 흥부네 집에 가서 살게 되었다.

86쪽

- 부자이면서도 흥부를 돕지 않은 점, 욕심 때문에 동물을 다치게 한 점을 비판했다.
- 흥부가 능력이 부족했다는 말에도 동의한다. 먹여 살릴 식구가 많은 데도 그만큼 일하지는 않았기 때문이다.

* 예시 답이에요. 내 의견을 써 봐요.

11장

93쪽

1. 미운 아기 오리는 형제 오리들보다 큰 알에서 제일 늦게 태어났다.
2. 주변 오리들은 미운 아기 오리가 못생기고, 헤엄도 못 칠 것 같다고 했다.
3. 형제들이 미운 아기 오리를 못살게 굴었다. 엄마도 자신이 다른 곳에서 사는 게 행복할 거 같다고 말했다.
4. 집을 떠나 여러 동물과 사람들을 만났지만 함께하지 못하고 또 혼자가 되었다.
5. 어느 날 물에 비친 자신의 모습을 보고 백조라는 것을 알게 되어 행복해졌다.

94쪽

- 키가 너무 작다는 놀림을 받았다.
- 나에게 다른 멋진 구석이 많으니까 내 모습 그대로를 사랑하기로 했다.

12장

101쪽

1. 계절마다 아름답게 변하는 크고 오래된 나무가 있었다.
2. 소년 소녀들은 배를 만든다며 나무의 잎을 마구 떼어 갔다.
3. 여인은 아기에게 먹일 사과를 많이 따 갔다.
4. 비가 세차게 내린 날 나무는 뿌리로 물을 빨아들여 마을에 홍수가 나지 않게 했다.
5. 비가 그치자 한 노인이 와서 지붕을 고친다며 줄기를 달라고 했다. 나무는 줄기까지 다 주고 밑동만 남았다.
6. 사람들은 자신들을 행복하게 지켜 주고, 줄기까지 준 나무에게 고마워했다.
7. 나무는 희생하는 게 행복하고 아름다운 일이라고 생각했다.

102쪽

- 자신의 모든 것을 잃게 되는 희생은 좋은 게 아니라고 생각한다.
- 동의한다. 남을 위하는 것도 좋지만 소중한 나 자신도 지킬 줄 알아야 한다.

  * 예시 답이에요. 내 의견을 써 봐요.

술술 글쓰기 마법책
>수료증<

― 수료한 내용 ―

☐ 술술 글쓰기 마법책 ❶ 시작책 `문장 쓰기`

☐ 술술 글쓰기 마법책 ❷ 발전책 `문단 쓰기`

☐ 술술 글쓰기 마법책 ❸ 완성책 `갈래별 글쓰기`

수료한 날 : 20_____년 _____월 _____일

이 어린이는 위에 표시된 술술 글쓰기 과정을
수료하였기에 칭찬하며 이 수료증을 드립니다.
앞으로도 내 마음, 내 생각, 내 주장 등을 글에 담아
세상과 사람들에게 널리 나누어 주길 바랍니다.

술술 글쓰기 마법책 작가 *오현선* 드림